本书系国家社会科学基金重大项目（23&ZD101）阶段性成果

企业生态创新的驱动因素研究
基于正式与非正式制度的视角

廖中举 等◎著

科学出版社

北 京

内 容 简 介

在绿色发展的背景下，探究企业生态创新背后的正式制度和非正式制度驱动因素具有重要的意义。基于波特假说、制度理论、文化理论等，综合运用固定效应面板数据回归、二项式 Probit 回归、扎根理论、模糊集定性比较分析等方法，选取沪深 A 股上市的重污染企业、制造行业的企业等作为研究样本，本书着重开展了三大模块的研究。

本书有助于丰富当前的制度理论、文化理论等，并可为政府制定相关政策和企业实现可持续发展提供一定的借鉴。

图书在版编目(CIP)数据

企业生态创新的驱动因素研究：基于正式与非正式制度的视角 / 廖中举等著. -- 北京：科学出版社, 2024.12. -- ISBN 978-7-03-079631-8

Ⅰ. F273.1

中国国家版本馆 CIP 数据核字第 2024N7D845 号

责任编辑：魏如萍 / 责任校对：姜丽策
责任印制：张　伟 / 封面设计：有道设计

科 学 出 版 社 出版
北京东黄城根北街 16 号
邮政编码：100717
http://www.sciencep.com

北京中科印刷有限公司印刷
科学出版社发行　各地新华书店经销

*

2024 年 12 月第 一 版　开本：720 × 1000　1/16
2024 年 12 月第一次印刷　印张：11 1/2
字数：230 000
定价：136.00 元
(如有印装质量问题，我社负责调换)

前　言

在当今全球气候变化和资源短缺的背景下，企业迫切需要将可持续发展摆在重要位置。生态创新不仅是减少资源消耗和环境污染的手段，也是促进企业绩效增长和提升企业竞争力的方式。由于生态创新存在外部性，制度成为驱动企业生态创新的重要因素。然而，由于环境规制、绿色税收、知识产权保护等单一外部制度因素对企业生态创新的促进作用有限，企业的生态创新水平也呈现出差异；同时，以往研究主要聚焦于企业的生态创新行为，而忽略了对不同类型的生态创新者的研究。因此，在以往研究的基础上，本书从制度的整体视角出发，探讨推动企业生态创新以及促使企业成为不同生态创新者背后的正式制度因素和非正式制度因素。

本书从多个理论视角探讨正式制度（政治、经济、法律等）和非制度性因素对企业生态创新的影响，并考察了非正式制度（儒家文化、社会信任）的调节作用。具体而言，首先，本书检验了命令控制型、市场型和自愿型三类环境政策工具对企业生态创新数量和质量的影响作用，环境信息披露对企业生态产品创新和生态工艺创新的影响作用，以及市场化程度、媒体关注度等变量的调节作用。其次，本书探究了正式制度与非制度性因素对企业生态创新的共同影响作用，包括执法监督、媒体监督和公众监督对企业实质型和策略型生态创新的影响作用，除了政府规制以外，还存在哪些影响企业生态创新的非政府因素，以及制度因素、市场因素和企业内部因素对企业生态创新的作用路径。最后，从监督距离的视角，本书检验了正式制度对企业生态创新影响的过程中社会信任的调节作用；从企业经营过程中涉及的多个利益相关者出发，分析了经济制度、法律制度和政府制度对企业生态创新的直接影响以及儒家文化的调节作用；揭示了正式制度和儒家文化对企业选择成为何种类型的生态创新者的影响；从构型的视角，本书也剖析了正式制度和非正式制度对企业生态创新的共同影响作用。

本书综合运用固定效应面板数据回归、二项式 Probit 回归、扎根理论、模糊集定性比较分析等方法，选取沪深 A 股上市的重污染企业、制造行业的企业等作为研究样本，结果发现：命令控制型环境政策和自愿型环境政策对企业生态创新的数量和质量均具有促进作用；生态技术引进在命令控制型和自愿型环境政策正向影响企业生态创新的过程中起到部分中介的作用；环境信息披露对企业生态产品创新和生态工艺创新均具有促进作用，媒体关注度正向调节了环境信息披露对企业生态产品创新的影响。执法监督和媒体监督对企业的实质型生态创新和策略型生态创新均具有促进作用，而公众监督仅对企业的实质型生态创新具有促进作用，媒体监督对企业实质型和策略型生态创新的影响受到企业警觉度的正向调节；企业的生态创新行为主要受到预期经济收益、主观规范以及知觉行为控制的驱动，其中，主观规范包括体现消费者绿色需求的自我规范、行业竞争和产业环保趋势形成的示范性规范，以及政府规制和消费者绿色需求形成的指令性规范；企业、市场和制度三个层面的因素并非平等地在所有环境中都对企业生态创新产生促进作用。正式制度对企业生态创新有显著正向影响，儒家文化能增强二者的关系；正式制度对企业成为真实型生态创新企业有显著的促进作用，而儒家文化只能部分影响企业成为真实型生态创新者；监管距离的增加对企业生态创新具有负向影响；环境信息披露在监管距离对企业生态创新的影响过程中起到部分中介作用；社会信任在监管距离对企业生态创新的影响过程中起到负向调节作用；完善的制度体系能够有效促进企业生态创新，制度组合存在四条高水平生态创新路径以及两条非高水平生态创新路径。

综上所述，本书旨在分析正式制度和非正式制度如何影响企业生态创新水平以及不同生态创新者的选择倾向。研究结论将有助于丰富当前的制度理论、文化理论等，并为政府制定相关政策和企业实现可持续发展提供一定的理论指导。

廖中举

浙江理工大学

2024 年 8 月 30 日

目　　录

第1章　绪论 ·· 1
　1.1　研究背景与问题提出 ··· 1
　1.2　研究目的与研究意义 ··· 2
　1.3　研究主要创新点 ·· 4
　1.4　研究设计 ··· 4
　1.5　本章小结 ··· 6

上篇：正式制度与企业生态创新

第2章　环境政策与企业生态创新 ······································ 9
　2.1　问题提出 ··· 9
　2.2　研究假设 ·· 10
　2.3　数据来源与变量测量 ·· 15
　2.4　假设检验 ·· 17
　2.5　结论和讨论 ··· 25
　2.6　本章小结 ·· 27

第3章　环境信息披露与企业生态创新：媒体关注度的调节作用 ········ 28
　3.1　引言 ·· 28
　3.2　理论基础与假设提出 ·· 29
　3.3　方法 ·· 31
　3.4　数据分析与实证结果 ·· 32
　3.5　结论和讨论 ··· 36
　3.6　本章小结 ·· 38

中篇：正式制度、非制度性因素与企业生态创新

第4章　多重监督与企业生态创新：警觉性的调节作用 ············ 41
　4.1　引言 ·· 41
　4.2　文献回顾与研究假设 ·· 42

4.3　方法 ……………………………………………………………… 47
　　4.4　数据分析与实证结果 …………………………………………… 48
　　4.5　结论和讨论 ……………………………………………………… 51
　　4.6　本章小结 ………………………………………………………… 53
第 5 章　政府规制、非政府因素与企业生态创新：基于计划行为理论的视角 … 54
　　5.1　引言 ……………………………………………………………… 54
　　5.2　数据选择和收集 ………………………………………………… 55
　　5.3　数据分析与实证结果 …………………………………………… 56
　　5.4　结论和讨论 ……………………………………………………… 59
　　5.5　本章小结 ………………………………………………………… 61
第 6 章　正式制度、市场、企业内部因素与企业生态创新：构型的视角 …… 63
　　6.1　引言 ……………………………………………………………… 63
　　6.2　文献回顾与模型构建 …………………………………………… 64
　　6.3　方法 ……………………………………………………………… 67
　　6.4　数据分析与实证结果 …………………………………………… 69
　　6.5　讨论 ……………………………………………………………… 73
　　6.6　结论和启示 ……………………………………………………… 74
　　6.7　本章小结 ………………………………………………………… 76

下篇：正式制度、非正式制度与企业生态创新

第 7 章　正式制度、社会信任与企业生态创新：监管距离的视角 …………… 81
　　7.1　引言 ……………………………………………………………… 81
　　7.2　文献回顾和研究假设 …………………………………………… 82
　　7.3　方法 ……………………………………………………………… 85
　　7.4　数据分析与实证结果 …………………………………………… 86
　　7.5　结论和讨论 ……………………………………………………… 90
　　7.6　本章小结 ………………………………………………………… 92
第 8 章　正式制度与企业生态创新：儒家文化的调节作用 ………………… 94
　　8.1　问题提出 ………………………………………………………… 94
　　8.2　理论分析和研究假设 …………………………………………… 95
　　8.3　研究设计 ………………………………………………………… 99
　　8.4　数据分析与实证结果 …………………………………………… 101
　　8.5　结论和讨论 ……………………………………………………… 107

8.6	本章小结	109

第9章 正式制度与企业生态创新角色选择：儒家文化的调节作用 ………… 110

9.1	问题提出	110
9.2	理论分析和研究假设	111
9.3	样本选取、数据来源和方法	116
9.4	数据分析与实证结果	119
9.5	结论和讨论	126
9.6	本章小结	127

第10章 正式制度、非正式制度与企业生态创新：构型的视角 ………… 128

10.1	引言	128
10.2	文献回顾	129
10.3	研究设计	132
10.4	研究结果	134
10.5	结论和讨论	138
10.6	本章小结	140

参考文献 …………………………………………………………………………… 141

第 1 章 绪　　论

本章将首先分析生态创新过程中面临的实际问题，探讨其背后的制度方面的理论进展，并提出本书的主要问题；其次，详细阐述本书的研究目的、理论意义和现实意义；再次，对本书的创新点进行详细梳理和总结；最后，全面介绍本书的研究内容和研究方法。

1.1　研究背景与问题提出

近年来，自然资源的过度消耗、全球变暖的加剧等问题迫切要求企业放弃以高投入、高消耗和高排放为基础的粗放型生产方式（刘满凤和陈梁，2020）。为了应对日益增长的经济和环境压力（Schiederig et al., 2012；Chen, 2008；Chen et al., 2006），学术界和实践界都开始逐渐意识到生态创新的重要性（Mongo et al., 2021），企业也将生态创新引入战略框架之中。

生态创新是一类能够减少对环境的负面影响的创新，是企业提升环境绩效、获得可持续竞争优势的关键因素之一（Rennings, 2000）。但是，生态创新存在双重外部性（Rennings, 2000），这凸显出了制度的重要性（Scott, 1995）。其中，制度分为正式制度和非正式制度（North, 1990），例如，税收政策、绿色信贷等正式制度和社会文化等非正式制度（Helmke and Levitsky, 2012；Chan et al., 2022）。良好的正式制度环境能有效减缓企业间信息的不对称并降低合作和交易过程中可能面临的机会主义风险（Scott, 1995；杨博旭等，2021），对企业的生存与发展具有重大的影响。同时，文化、习惯、规范等作为非正式制度的重要构成部分，随着时间的推移而发展，对企业之间建立信任关系以促进交易和更深层次的合作具有影响作用（Konadu et al., 2022）。例如，儒家文化强调增强企业社会责任感（邹萍和李谷成，2022）和企业之间的合作（Chen et al., 2019），对塑造个体和组织的行为方式有着重要的影响，可能会影响企业对生态创新的态度和实践，从而影响企业的环保绩效（She et al., 2023）。

以往的文献回顾表明，关于正式制度与非正式制度对企业生态创新的影响研究取得了一定的进展，但仍存在以下三个方面的不足：其一，国内外学者关于生态创新的研究侧重于对企业生态创新行为的探讨，而对不同类型的生态创新者的研究偏少；其二，尽管关于企业生态创新的影响因素研究已经取得了一定的进展，例如，技术发展（杨梅等，2023；成琼文和陆思宇，2023）、法规环境（齐绍洲等，

2018)、社会趋势（李慧云等，2022）等，但以往的研究忽略了多种正式制度因素共同的影响作用；其三，按照制度理论，企业生态创新行为是可以预测的（Boutry and Nadel，2021），因此，探讨各种制度对企业生态创新行为的直接与间接影响作用显得尤为重要，但以往的研究忽略了非正式制度的调节作用以及正式制度与其他因素的共同作用，例如，先前的研究认为非正式制度，如文化、价值观和领导风格等，通常更难以量化，导致其被忽视（Pan and Shang，2023）。

从各国的实践来看，正式和非正式制度已经成为环境治理中不可或缺的手段和工具。那么在促进生态创新发展的过程中，政府和企业都发挥着怎样的作用？政府规制、绿色信贷、知识产权保护等正式制度和儒家文化、社会规范等非正式制度是否会影响企业生态创新行为？它们对企业选择成为不同类型的生态创新者会起到什么样的作用？厘清上述问题，将有利于深入认识正式制度、非制度性因素和非正式制度与企业生态创新的内在机理，这对制度的优化和企业生态创新水平的提升具有重要的意义。因此，本书以重污染企业、制造企业等为基础，对正式制度、正式制度与非制度性因素、正式制度与非正式制度等如何影响企业生态创新决策进行深入探究。

1.2 研究目的与研究意义

1.2.1 研究目的

本书运用制度理论、利益相关者理论、文化理论等，探索和梳理正式制度和非正式制度的组成部分，将政府制度、经济制度、法律制度等正式制度纳入研究框架，深入剖析环境规制、环境保护税、绿色信贷、知识产权保护等正式制度的表现形式对企业生态创新以及企业选择成为哪种类型的生态创新者的影响作用，同时进一步探究非正式制度在正式制度与企业生态创新之间的调节作用，以期弥补以往研究存在的空白。本书在一定程度上是对现有理论，特别是制度理论的补充和完善，研究结果也将有助于丰富利益相关者理论、文化理论等，为处于严格制度环境下企业生态创新行为的决策提供较有意义的理论解释，也为相关非正式制度的实施提供理论依据。

1.2.2 研究意义

1. 理论意义

（1）基于正式制度理论，本书探究了不同类别的正式制度对企业生态创新的影响作用,完善了制度理论。以往的研究围绕制度理论,探究了环境规制、环境税等不同类别的正式制度对企业生态创新的影响作用,也得出了差异化的结论(Chappin et al.,2009;Kemp and Pontoglio,2011)。本书剖析了命令控制型环境政策、市场型环境政策等对企业生态创新的影响作用,以及生态技术引进、市场化程度、媒体关注度等的中介或调节作用,研究结果有助于提高制度理论对企业生态创新的解释力度。

(2)基于正式与非正式制度理论,本书揭示了非正式制度在正式制度与企业生态创新之间的调节作用。企业行为受到多层次制度的影响,正式制度规定了明确的组织结构和规则,而非正式制度则涉及组织文化、价值观等难以量化的因素(Kaufmann et al.,2018)。本书选取儒家文化和社会信任作为非正式制度的代表因素,探究其在正式制度与企业生态创新之间起到的调节作用。此外,制度理论主要关注正式制度,而本书充分考虑了非正式制度的作用,有利于丰富并完善正式制度和非正式制度理论。

(3)基于生态创新理论,本书深入探究了在正式制度和非正式制度的共同作用下,企业对不同类别的生态创新模式的选择。关于企业选择成为不同类型的生态创新者的决策涉及多方面的因素,如技术、市场、政策等(Costantini et al.,2015;Ghisetti,2017),而制度环境是其中重要的影响因素之一。深刻理解制度环境的作用,有助于构建更为全面的企业生态创新管理框架,实现企业的可持续发展。本书从研发和产出两个维度将企业分为四类生态创新者,揭示了制度环境在企业生态创新决策背后的作用,为制度理论和生态创新理论的发展提供了更深层次的理论支持。

2. 现实意义

(1)研究企业生态创新决策背后的正式制度问题,有利于为正式制度的优化提供理论借鉴。通过深入分析不同类别的环境政策工具、环境规制、知识产权保护等正式制度对企业生态创新的影响作用,本书识别出了政府制度、经济制度、法律制度等各类正式制度的作用效果,为后续优化和完善推动企业生态创新的正式制度提供了理论依据。

(2)研究不同类别的生态创新者背后的非正式制度问题,有利于为非正式制度的塑造提供理论借鉴。在将企业划分为真实型生态创新者、模仿型生态创新者、虚假型生态创新者和伪装型生态创新者四种类型的基础上,本书检验了非正式制度在正式制度与不同类别的生态创新者之间的调节作用,为政府根据各地的实际情况,合理地塑造非正式制度提供了理论依据。

1.3 研究主要创新点

本书基于制度理论、利益相关者理论等，围绕企业生态创新背后的正式与非正式制度进行了一系列探讨，相较于以往研究主要有以下几个方面的创新点。

（1）本书整合了正式制度与非正式制度两个研究领域的相关成果，探讨了两类制度对企业生态创新的双重影响。制度对企业生态创新的影响作用一直以来都是备受关注的研究议题，但大量研究往往将正式制度与非正式制度视为相互独立的因素，而忽视了二者之间可能存在的交互关系。由于非正式制度的变化可能会引发正式制度对企业生态创新的影响作用的变化，本书将正式制度与非正式制度两个研究领域的内容进行整合，探讨了制度对企业生态创新的影响机制，构建了一个全面的研究框架。

（2）本书全面拓展了企业生态创新的类型划分，充分剖析了不同类型的生态创新者受到何种驱动因素的影响。以往对生态创新类型的划分主要是从内容、强度、过程等视角进行的（Hellström，2007），本书通过综合运用企业生态创新的投入和产出指标，将企业划分为真实型生态创新者、模仿型生态创新者、虚假型生态创新者和伪装型生态创新者四种类型，有助于系统地概念化正式制度和非正式制度对企业生态创新的影响作用。

（3）本书在研究样本上选取了重污染企业、制造企业等多种类型的数据进行分析，增加了数据的多样性和结果的可比性。通过对不同类型的企业的相关数据进行分析，可以更好地评估正式制度对企业生态创新的影响，以及非正式制度在其中起到的调节作用，为研究结果的科学性和可靠性提供了更为坚实的基础。

1.4 研究设计

1.4.1 研究内容

针对正式与非正式制度对企业生态创新行为的影响以及对企业成为哪种类型的生态创新者的影响作用，本书聚焦于以下三个方面的研究。

1. 正式制度对企业生态创新的影响作用研究

虽然学者针对正式制度与生态创新之间的关系展开了大量的研究，但是不同类型的政策工具在监管成本、监管者偏好、适用范围等方面存在很大的不同，它们在解决环境问题方面也具有明显的异质性（Bressers and Klok，1988），因此，笼统地分析两者之间的关系，并不能直观地识别出具体的正式制度在推动生态创新过程中的差异性。鉴于此，本书以波特假说为基础，结合利益相关者理论、可持续发展理论等，主要探讨以下几个问题：命令控制型、市场型和自愿型环境政策工具对企业生态创新的影响作用及路径，以及环境信息披露对企业生态创新的影响作用及路径。

2. 正式制度与非制度性因素对企业生态创新的影响作用研究

正式制度对企业生态创新的影响往往受到非制度性因素的调节，或者会与非制度性因素共同产生作用（Orcos et al., 2018; Eiadat and Fernández-Castro, 2022）。为了更好地剖析正式制度与非制度性因素对企业生态创新的影响作用，本书着重探讨以下几个问题：执法监督、媒体监督和公众监督对企业生态创新的影响作用以及企业警觉度的调节作用；除了正式制度以外，还有哪些非制度性因素会影响企业的生态创新；正式制度、市场因素和企业内部因素如何共同影响企业的生态创新。

3. 正式制度与非正式制度对企业生态创新的影响作用研究

正式制度对企业生态创新的影响离不开非正式制度的作用，为了深入剖析非正式制度在正式制度对企业生态创新影响过程中的调节作用，本书围绕以下几个问题展开研究：非正式制度在各类正式制度与企业生态创新之间会起到什么样的调节作用；各类正式制度会对企业选择成为真实型生态创新者、虚假型生态创新者、伪装型生态创新者和模仿型生态创新者有什么样的影响，在这个影响过程中，非正式制度起到了哪些作用。

1.4.2 研究方法

1. 文献综述法

文献综述法是允许在理解现有知识的深度和细节的同时发现先前结果的模式，从而识别相关文献的空白之处（Mohamed Shaffril et al., 2021）。在理论模型构建前，本书利用中国知网、Web of Science 等数据库对研究领域相关的文献进行收集和整理，并从基本概念、维度等方面进行了文献梳理与总结，从而为本书的研究提供理论参考。

2. 固定效应面板数据回归方法

固定效应面板数据回归方法是一种广泛应用于分析二维面板数据的统计方法

(Maddala and Lahiri,1992)。该方法是处理面板数据中个体固定效应和异质性的一种重要工具,在多个领域中得到了应用,包括经济学、社会学、医学等(Peng and Lu,2012)。本书主要利用固定效应面板数据回归方法,检验正式与非正式制度对企业生态创新行为的影响。在对具体的研究框架与假设进行验证的过程中,本书通过控制行业差异和个体差异,并进行稳健性检验和异质性检验,从而确保了实证结果的可靠性与可信度。

3. 二项式 Probit 回归方法

二项回归是一种处理因变量具有二项分布的回归模型,它使用一个链接函数将线性预测变量与响应变量的期望联系起来(Prasetyo et al.,2020)。根据本书提出的四种类型的生态创新企业,通过二项式 Probit 回归方法模型的使用,可以得到不同企业的类型选择逻辑,并有针对性地进行分析。

4. 其他方法

除了上述三种方法以外,本书还采用了扎根理论、模糊集定性比较分析等研究方法。例如,采用扎根理论的研究方法,选择上市公司作为研究样本,识别出影响企业生态创新的制度因素和非制度性因素;采用模糊集定性比较分析的方法,识别出正式制度与市场因素、企业内部因素等如何共同作用于企业生态创新。

1.5 本章小结

本章首先介绍了研究背景,深入探讨了当前企业生态创新所面临的困境,特别是在正式制度与非正式制度方面存在的问题。通过对以往理论研究的分析,明确了研究内容与具体问题。其次,详细阐述了研究目的、理论意义和现实意义,凸显了本书的创新之处。最后,阐述了本书的研究内容和研究方法,为后续研究的展开提供了充分的铺垫。

上篇：正式制度与企业生态创新

North（1990）对"制度"提出了详细的解释，将"制度"视为"约束人类活动的游戏规则"，这对认识和理解其在企业日常经营发展过程中发挥的核心作用至关重要。在此基础上，Nee（1998）将制度定义为"一种用来规范流程的行动框架和替代机制"。其中，正式制度是被有意识创造和编纂的规则集合，包括法律规则、政治规则和经济规则（North，1990）；它也可以看作国家自上而下施加的规则（Ostrom，1990），是与经济基础和上层建筑有关的法律、法规等（陈昭华和刘跃前，2003）。

环境政策是影响企业生态创新的重要正式制度（Galeotti et al.，2020）。Kivimaa（2007）、Chappin 等（2009）、Liao（2018a）从不同的研究视角，探究了命令控制型、市场型和自愿型三类环境政策对企业生态创新的影响作用，也得出了多种研究结论。在以往研究的基础上，第 2 章主要再次检验三类环境政策对企业生态创新数量和质量的影响作用；同时，选择生态技术引进作为中介变量和市场化程度作为调节变量，剖析三类环境政策作用于企业生态创新的内在路径。

环境信息披露也是影响企业生态创新的一种正式制度（García-Sánchez et al.，2021）。Yin 和 Wang（2018）、Xiang 等（2020）、Luo 等（2022）探究了环境信息披露对企业生态创新的影响作用，但研究结论也不统一。鉴于此，第 3 章在将生态创新划分为生态产品创新和生态工艺创新的基础上，探究环境信息披露对企业生态创新的影响作用，并选择媒体关注度作为调节变量，检验环境信息披露对企业生态创新的影响作用是否会受到媒体关注度的调节。

第 2 章　环境政策与企业生态创新

本章主要以波特假说为理论基础，分析命令控制型、市场型和自愿型三类环境政策工具对企业生态创新数量和质量的影响，以及生态技术引进的中介作用和市场化程度的调节作用。

2.1　问题提出

在过去的几十年里，世界多个国家经济的快速增长在一定程度上是由高能耗驱动的，高能耗造成了大规模的生态破坏和环境退化（Zhu et al.，2019），例如，能源枯竭、雾霾天气（彭星和李斌，2016）、地下水污染（唐永杰，2017）等。因此，如何实现经济和环境的协调发展，引起了国内外学者和社会各界的广泛关注（Wang and Lin，2010；Zhang，2017）。为了实现经济的可持续发展，各国政府制定了一系列规则和激励措施。其中，环境政策工具是政府为解决空气、水、固体废物、自然资源耗竭等问题而采取的措施，旨在实现环境治理（Mickwitz，2003）。许多学者剖析了环境政策对企业绩效、竞争优势、财务绩效和生产率的影响作用（Testa et al.，2011），取得了大量有意义的研究成果。对政府而言，制定和实施一系列环境政策的主要目的是减少对环境的负面影响，提高环境质量（Dasgupta et al.，2001）。

虽然学者关于环境政策对生态创新的影响作用进行了广泛的研究，取得了丰富的成果，但仍然存在不足。环境政策是否会促进企业生态创新，以往的研究尚未得出一致的结论（Camisón，2010；Féres and Reynaud，2012）。自波特假说提出以来，围绕环境政策与生态创新之间的关系，学者分别从不同层面进行了研究，但由于选取的指标、数据和模型不同，研究结论也有所不同。通过加强对企业的监管和惩罚力度，可以促使企业进行技术升级和提高生态创新能力（Porter and van der Linde，1995；李婉红等，2013；殷秀清和张峰，2019；Zhao and Sun，2016；Chakraborty and Chatterjee，2017；Zhong and Peng，2022），但是严格的环境规制在减少环境污染和保护环境的同时，也会增加企业污染排放的生产成本，挤占企业的研发成本，最终也会不利于提高企业生态创新能力（Gray and Shadbegian，2003；Acemoglu et al.，2012；张平等，2016）。此外，以往文献集中于讨论环境政策对企业生态创新数量的影响，而关于环境政策对企业生态创新质量影响的研究相对较少（Liao，2018b；Shen et al.，2020）。

因此，本章主要探究以下几个方面的问题：第一，从环境政策的不同工具入手，检验不同类型的环境政策工具对企业生态创新数量和质量的影响作用；第二，选取市场化程度作为调节变量，探讨在不同的市场化水平下，环境政策工具对企业生态创新数量和质量的影响作用是否会发生变化；第三，选取生态技术引进作为中介变量，剖析生态技术引进在环境政策工具对企业生态创新的影响过程中是否起到中介作用。

2.2 研 究 假 设

严格且灵活的环境政策（特别是以市场为基础的工具，如税收或排放限额交易）可以触发（广义的）创新，这会在某些情况下完全抵消遵守这些法规的成本（Porter，1991；Porter and van der Linde，1995）。在波特假说提出来之前，多数经济学家、政策制定者和企业管理者都认为，环境保护会给企业带来额外的成本，从而降低企业竞争力（Ambec et al.，2013）。污染控制能够刺激企业减少浪费的观点可以追溯到19世纪（Driesen，2006）；到了20世纪80年代，一些学者开始研究环境政策是否能够在不损害企业竞争力的情况下促进技术创新（Ashford et al.，1985）。

2.2.1 环境政策对企业生态创新的影响作用

政府制定和颁布的环境政策可视为正式法规，通常分为两种不同类型，即命令控制型（通过制定法律和法规，要求污染者减少排放）和市场型（旨在鼓励污染者减少污染排放）（Xie et al.，2017；Zheng and Shi，2017）。与正式的规制相比，自愿型环境政策不是由政府强制实施的，而是取决于公众的环境意识（Wesselink et al.，2011；Xie et al.，2017）。自愿型环境政策已经成为环境保护的另一大驱动力，并对生态创新产生积极影响（Zhang et al.，2008）。

1. 命令控制型环境政策对企业生态创新的影响作用

命令控制型环境政策是指政府为了减少污染物排放而制定的一系列的限制和技术标准（Blackman，2010），它是多个国家环境政策的主要组成部分（Xie et al.，2017；Zhao et al.，2015）。命令控制型环境政策通过提供旨在减少污染物向自然环境排放的标准，控制环境污染的来源（Blackman，2010），若企业的实际排放量超过排放标准，则会被处以罚款或被要求改进生产工艺，甚至被迫关闭（Xie et al.，2017；Yang et al.，2012a）。

随着严格的命令控制型环境政策的推出，限制使用污染技术或者强制使用清洁技术都会使企业的隐性成本升高，从而刺激企业生态创新（Dasgupta et al., 2001；Perman, 2003；Cole et al., 2005）。严格的环境标准也会促使企业认识到传统的污染控制技术的低效率，积极寻求减少污染的措施，提高资源利用效率（Link and Naveh, 2006）。命令控制型环境政策具有强制性（Camisón, 2010；Ramanathan et al., 2017），为了降低政策带来的生产成本的增加，企业将会开展生态创新活动，包括技术创新和制度创新（Ghisetti and Quatraro, 2013）。因此，为了更好地响应命令控制型环境政策、满足环境法规要求并降低生产成本，企业不仅会注重生态创新的数量，也会提高生态创新的质量（Jaffe and Palmer, 1997；Féres and Reynaud, 2012；叶静怡等，2012；杨亭亭等，2018）。在此基础上，本章提出以下假设。

H1a：命令控制型环境政策对企业生态创新数量具有正向影响作用。

H1b：命令控制型环境政策对企业生态创新质量具有正向影响作用。

2. 市场型环境政策对企业生态创新的影响作用

市场型环境政策是基于经济手段，为企业提供多种灵活的方法以减少其负面环境影响（Camisón, 2010；Zhao et al., 2015）。目前，市场型环境政策工具包括环境税、环保补助、排污权交易等（Khanna, 2001；Jaffe et al., 2002；Zhao et al., 2015）。与命令控制型环境政策相比，市场型环境政策是基于市场机制设计的，通常更具灵活性，它更有可能刺激企业采用污染预防技术来减少污染物排放（Zhao et al., 2015）。

一方面，市场型环境政策给企业带来了必须面对的直接成本，例如，用于污染处理的末端处理设备以及缴纳的排污费（Guo and Yuan, 2020），迫使企业将资源重新分配给环境保护活动。另一方面，市场型环境政策通过鼓励企业革新其生产工艺和产品，投资符合环境法规的项目，以满足甚至超越环境政策的要求，不仅可以抵消企业额外的合规成本，还可以为企业创造竞争优势（Porter, 1991；Porter and van der Linde, 1995）。鉴于此，本章提出以下假设。

H2a：市场型环境政策对企业生态创新数量具有正向影响作用。

H2b：市场型环境政策对企业生态创新质量具有正向影响作用。

3. 自愿型环境政策对企业生态创新的影响作用

自愿型环境政策不是强制性的政策，而是企业自愿承诺控制污染或进行环境保护，它与公众的环境保护意识紧密相关（Wesselink et al., 2011；Xie et al., 2017）。当正式法规薄弱或缺失时，许多社会团体会与当地的污染企业达成协议，以期减少污染排放（Féres and Reynaud, 2012）。由于信息不对称的问题，正式的环境规制在污染控制方面存在一定的局限性，从而需要引入媒体关注、社会监督等形式以形成完整的环境政策体系（Kathuria，2007）。

自愿型环境政策致力于改变污染企业的行为，从而提升环境质量；它通常与公众、社区、非政府环保组织、消费者、投资者等主体采取的所有类型的行动相一致（Féres and Reynaud，2012；Zhang et al.，2008）。自愿型环境政策同样具有很大的灵活性，因为它是由企业根据竞争优势指导其行动的，能够适应不同的环境条件（Sarkis，2006）。企业更愿意接受这种自愿监管，因为其能够不受限制地选择最好的方式来改善企业的环境绩效和提高生态创新水平（Majumdar and Marcus，2001）。基于以上分析，本章提出以下假设。

H3a：自愿型环境政策对企业生态创新数量具有正向影响作用。

H3b：自愿型环境政策对企业生态创新质量具有正向影响作用。

2.2.2　生态技术引进的中介作用

生态技术引进是指生态技术诀窍、技术知识或技术本身的购买（Roessner and Bean，1991），它也是一个基于知识共享和相互交流的过程，在此过程中，生态技术跨越两个实体的边界（Dahl and Pedersen，2005），这些实体可以是国家、企业甚至是个人（Autio and Laamanen，1995）。

面对日益严格的环境政策，企业和研发机构逐渐加大了生态技术创新研发力度（Shen et al.，2020）。但是，一部分缺乏独立研发能力的企业在短时间内难以通过自主研发来实现生态创新，需要借助外部生态技术（Fu and Zhang，2011）。生态技术引进本身不是目的，企业会遵循一种耦合战略，将由外而内（获得外部知识和技术）与由内而外的过程（将创意推向市场）结合起来（Gassmann and Enkel，2004）。通过引进生态技术，积累相应的知识和能力，将其内化成企业内部资源，最终成为提高生态技术革新速度和刺激生态创新研发的一种手段（Choi，2009）。

1. 生态技术引进在命令控制型环境政策和企业生态创新之间的中介作用

生态技术的购买和引进过程似乎与生态创新无关，但本质上是一个动态学习和使用的过程，技术的转移更多的是隐性知识的流动（杨伟，2012；Lew et al.，2019），它有利于推动企业生态创新。命令控制型环境政策通过强制性的手段，压缩高污染、高能耗等企业的利润空间，也会淘汰高污染企业（Swaney，1992）。因此，企业需要通过生态创新来满足命令控制型环境政策的要求。然而，涉及新的生态产品和工艺开发时，若企业自身资源和能力有限（Scuotto et al.，2020），可以通过引入生态技术，实现技术的再次开发和利用，进而推动生态创新。鉴于此，本章提出以下假设。

H4a：生态技术引进在命令控制型环境政策与企业生态创新数量之间起到中介作用。

H4b：生态技术引进在命令控制型环境政策与企业生态创新质量之间起到中介作用。

2. 生态技术引进在市场型环境政策和企业生态创新之间的中介作用

市场型环境政策力度的加大，会使企业在污染治理方面付出更高的治污成本，同时也会因生态创新而获得更多的环保补助（Swaney，1992）。一方面，如果企业保持原有的生产模式，由于污染的负外部性，需要支付更高的排污费和其他罚款（Bosquet，2000）；若企业直接进行自主研发，短期内会挤占内部生产资金，也有一定的风险，因此生态技术引进成为企业的重要手段。另一方面，若企业短期内缺乏自主研发能力，而环保补助会为企业提供更多的资金支持（Bai et al.，2018），因此，企业会有更高的积极性去引进生态技术，进而实现生态创新。鉴于此，本章提出以下假设。

H5a：生态技术引进在市场型环境政策与企业生态创新数量之间起到中介作用。

H5b：生态技术引进在市场型环境政策与企业生态创新质量之间起到中介作用。

3. 生态技术引进在自愿型环境政策和企业生态创新之间的中介作用

尽管生态产品具有外部性，即其生产过程会给其他参与者带来经济利益，但生态产品本身又有一定的价值，它能够产生巨大的生态效益（高晓龙等，2020）。因此，在自愿型环境政策的实施下，企业更加愿意进行生态创新，尤其是随着来自企业内部员工、公众、社区、市场、投资者、非政府环保组织等的压力的增加，企业会倾向于增加生态创新的投入（Zhang et al.，2008；Zheng and Shi，2017）。由于生态创新具有高投入、高风险等特点（Rennings，2000），大部分企业会受限于资金、能力等因素，缺乏自主研发的能力，而通过外部生态技术引进，企业可以将外部资源与内部资源相结合，增加探索新的知识组合的可能性（Ahuja and Katila，2001），同时通过模仿学习加强研发能力，进而促进生态创新。因此，本章提出以下假设。

H6a：生态技术引进在自愿型环境政策与企业生态创新数量之间起到中介作用。

H6b：生态技术引进在自愿型环境政策与企业生态创新质量之间起到中介作用。

2.2.3 市场化程度的调节作用

市场化是从计划经济到市场经济的制度转型过程（樊纲等，2011）。在市场化的进程中，市场机制鼓励利益最大化和效率最优化（Xin Z Q and Xin S F, 2017）。环境政策可以缓解环境治理中的市场失灵，但推动生态创新却需要市场化的支持（Swaney, 1992）。在环境政策实施过程中，政府发挥着主导作用，而市场也同样扮演着重要角色，二者在一定程度上存在互补关系（Swaney, 1992）。

1. 市场化程度在命令控制型环境政策与企业生态创新之间的调节作用

市场化程度体现了市场机制在资源配置中的决定性作用，也体现了制度的完善（康继军等，2009）。市场化程度较高的地区法律制度相对完善，企业较少受到政府干预，运营成本明显更低（Hail and Leuz, 2006），因此，企业有更多闲散资金用于生态创新的研发活动。市场化程度较高的地区，法律环境较好，也意味着命令控制型环境政策的执行效率更高，企业面临着更大的环境治理压力（潘越等，2015），需要开展生态创新活动以使自己的行为满足政策的要求。因此，本章提出以下假设。

H7a：市场化程度正向调节命令控制型环境政策与企业生态创新数量之间的关系。

H7b：市场化程度正向调节命令控制型环境政策与企业生态创新质量之间的关系。

2. 市场化程度在市场型环境政策与企业生态创新之间的调节作用

在市场化程度比较高的区域，市场机制对资源配置的影响比较明显，企业之间的竞争也更加激烈，较高的市场化程度会提高企业的效率、竞争意识和创新水平（Wang et al., 2008; Gao et al., 2010）。市场化程度较高的地区，企业的融资能力强，能够利用外部资源来弥补内部资金的不足，从而提高企业的治理水平（李青原和肖泽华，2020），使其更倾向于进行生态创新的研发投入。市场型环境政策利用市场的力量，通过市场信号来影响排污者的行为决策，促使排污者在追求自身利益的同时达到控制污染的目的（王小宁和周晓唯，2015）。在市场化程度较高的情况下，市场信号受到外部的约束更少，能够更好地发挥出促进生态创新的作用。基于上述分析，本章提出以下假设。

H8a：市场化程度正向调节市场型环境政策与企业生态创新数量之间的关系。

H8b：市场化程度正向调节市场型环境政策与企业生态创新质量之间的关系。

3. 市场化程度在自愿型环境政策与企业生态创新之间的调节作用

随着市场竞争的加剧,越来越多的企业通过实施生态创新战略,打造差异化的绿色形象,参与到行业竞争中(杨柳,2018)。高市场化程度带来的高透明度可以减少信息不对称带来的不利影响(蔡海静和许慧,2016),在市场化程度较高的地区,企业的信息披露也更加透明(周慧鲜,2013)。因此,在市场化程度较高的情况下,由于公众更加易于获取企业的信息、企业的信息更加透明等,更加有利于发挥自愿型环境政策对企业生态创新的促进作用。因此,本章提出以下假设。

H9a:市场化程度正向调节自愿型环境政策与企业生态创新数量之间的关系。

H9b:市场化程度正向调节自愿型环境政策与企业生态创新质量之间的关系。

2.3　数据来源与变量测量

2.3.1　数据来源

本章选取 2014~2018 年全国 30 个省区市的相关数据(由于数据难获得,不包括西藏和港澳台数据)作为研究样本,数据来源于《中国科技统计年鉴》、《中国统计年鉴》、《中国环境统计年鉴》、国家知识产权局、Wind 数据库环境统计公告等。此外,在实证研究之前,对所有的变量进行了对数处理。

2.3.2　变量测量

1. 命令控制型环境政策

关于命令控制型环境政策的测量,部分学者选取了新实施的法律、法规和规章的数量作为测量指标(Zheng and Shi,2017)。为了更好地反映环境政策在地方层面的执行情况,本章借鉴 Peng 和 Liu(2016)的做法,采用地方政府每年的环境行政案件的数量来测量命令控制型环境政策。

2. 市场型环境政策

学者广泛使用排污费作为市场型环境政策的测量指标(Xie et al.,2017;Zheng and Shi,2017),并且我国已经建立了成熟的以排污收费为基础的排污征收制度(Xie et al.,2017;Zheng and Shi,2017)。因此,本章借鉴刘明玉和袁宝龙(2018)的做法,采用单位国内生产总值(gross domestic product,GDP)排污费收入来测量市场型环境政策。

3. 自愿型环境政策

自 20 世纪 90 年代以来，我国建立了环境诉讼制度，受理和解决公众有关环境相关问题的投诉（张明华，2002）。借鉴 Xie 等（2017）、Zheng 和 Shi（2017）的做法，本章使用污染和环境相关问题的投诉信数量（包括从电子邮件和电话收到的投诉）来衡量自愿型环境政策。

4. 生态技术引进

随着"纯输出"概念的提出，冯锋和王凯（2007）利用合同金额和技术流量来衡量我国生态技术跨省引进过程中的活跃情况。专利已成为衡量生态技术引进的主要指标，一些学者通过专利合作（施培公，1999）、专利引文（Comanor and Scherer，1969；Baron and Kenny，1986）、专利许可等指标，研究了跨地区技术转移的机制、现状及趋势。因此，考虑到数据的可获得性，本章采用生态技术专利吸纳量来测量生态技术引进水平。

5. 市场化程度

目前国内学术界对市场化程度的测量还没有形成共识，但是樊纲等（2003）、王小鲁等（2017）对市场化程度的定义和衡量被越来越多的研究者所接受。因此，本章参考王小鲁等（2017）的做法，采用《中国分省份市场化指数报告》中的市场化指数来衡量市场化程度。

6. 生态创新

本章借鉴 Brunnermeier 和 Cohen（2003）、Przychodzen 等（2020）的做法，选取绿色、循环、节能、减排、低碳、清洁、再利用、可持续等关键词作为绿色专利检索的依据，并采用绿色专利的申请量测量企业的生态创新数量。在专利的质量评价方面，杨登才和李国正（2021）、李长英和赵忠涛（2020）、孟猛猛等（2021）认为专利引用非专利文献数、被引用次数、权项数、说明书的页数、海外布局数、是否发生转移转化等是反映专利价值和质量的主要指标。其中，权项数是指从专利申请时起所提交权利要求书中须注明的要求保护的权利数，专利的权项数反映了技术的创新能力，一般而言专利的权项数越大，专利的质量也就越高（Trajtenberg，1990）。因此，本章采用绿色专利的权项数来衡量企业生态创新的质量。

7. 控制变量

为了更全面地分析三类环境政策、生态技术引进和生态创新之间的关系，本章选取人力资本、对外开放程度和市场结构作为控制变量。本章借鉴 Barro 和 Lee

(2001)、王小鲁（2000）的做法，采用平均受教育年限的自然对数测量人力资本；借鉴童健等（2016）、蔡乌赶和周小亮（2017）的做法，采用各省区市实际进出口总额/地区生产总值的自然对数来测量对外开放程度；借鉴甄浩和柳江（2016）、张杰等（2014）的做法，采用各省区市规模以上工业企业数量的自然对数来衡量市场结构。

变量名称与测量如表 2-1 所示。

表 2-1 变量名称与测量

变量类型	变量名称	变量符号	变量测量
被解释变量	生态创新数量	EIN	绿色专利数的自然对数
	生态创新质量	EIQ	绿色专利权项数的自然对数
解释变量	命令控制型环境政策	CER	各省区市行政处罚案件数的自然对数
	市场型环境政策	MER	各省区市排污费收入的自然对数
	自愿型环境政策	VER	各省区市环保信访数的自然对数
中介变量	生态技术引进	IET	各省区市生态创新专利吸纳量
调节变量	市场化程度	MD	市场化指数
控制变量	人力资本	HC	平均受教育年限的自然对数
	对外开放程度	OPEN	各省区市实际进出口总额/地区生产总值的自然对数
	市场结构	MS	各省区市规模以上工业企业数量的自然对数

2.4 假设检验

本章主要借助 Stata 15 软件对数据进行分析来检验三类环境政策、生态技术引进、市场化程度和企业生态创新之间的关系。

2.4.1 描述性统计分析

表 2-2 是对变量数据进行的描述性统计分析和相关性分析。

从表 2-2 中可以看出，生态创新数量的最大值为 10.60，最小值为 4.595，两者间差异较大，说明各省区市的企业在生态创新数量方面存在一定的差距；生态创新质量的最大值和最小值也相差较大。命令控制型环境政策最大值为 10.72，最小值为 5.231，标准差为 1.044。自愿型环境政策最大值为 4.655，最小值为 0，标准差为 0.534，说明各省区市自愿型环境政策水平差异不大。生态技术引进最大值

表 2-2 描述性统计分析和相关性分析

变量	均值	标准差	最小值	最大值	EIN	EIQ	CER	MER	VER	IET	MD	HC	OPEN	MS
EIN	7.860	1.325	4.595	10.60	1									
EIQ	9.758	1.391	6.323	12.63	0.979***	1								
CER	7.964	1.044	5.231	10.72	0.619***	0.624***	1							
MER	2.842	1.898	0.455	9.423	−0.401***	−0.424***	−0.149*	1						
VER	3.436	0.534	0	4.655	0.694***	0.657***	0.685***	0.442***	1					
IET	2.058	1.256	0	5.617	0.505***	0.508***	0.471***	0.251***	0.449***	1				
MD	6.961	1.928	2.530	10.83	0.527***	0.519***	0.535***	0.336***	0.678***	0.430***	1			
HC	9.262	0.895	7.514	12.56	0.316***	0.343***	0.331***	0.134	0.292***	0.116	0.572***	1		
OPEN	0.250	0.268	0.0170	1.216	0.537***	0.558***	0.426***	0.062	0.523***	0.309***	0.641***	0.677***	1	
MS	8.864	1.187	5.814	10.79	0.647***	0.620***	0.524***	0.531***	0.549***	0.450***	0.670***	0.043	0.292***	1

* $p<0.1$, *** $p<0.01$。

为 5.617，最小值为 0，标准差为 1.256，由此可见，不同地区之间的生态技术吸纳水平差异较大。相关性分析结果表明，命令控制型环境政策、自愿型环境政策与生态创新数量、生态创新质量均显著相关，但市场型环境政策与生态创新数量和生态创新质量呈现显著的负相关关系。控制变量中的人力资本、对外开放程度、市场结构都与生态创新数量和生态创新质量显著正相关。

2.4.2 回归分析

为了进一步对本章提出的假设进行检验，本章对相关模型进行回归分析。在回归之前，先对全样本进行豪斯曼检验，结果均小于 0.05，因此拒绝原假设，采用固定效应模型。

1. 主效应回归分析

命令控制型环境政策、市场型环境政策和自愿型环境政策对企业生态创新数量和生态创新质量的影响作用结果，如表 2-3 所示。

表 2-3 环境政策对企业生态创新影响作用的回归结果

变量	EIN 模型1	EIQ 模型2	EIN 模型3	EIQ 模型4	EIN 模型5	EIQ 模型6	EIN 全样本	EIQ 全样本
CER	0.363*** (0.056)	0.435*** (0.073)					0.294*** (0.052)	0.378*** (0.083)
MER			−0.161*** (0.035)	−0.192*** (0.045)			−0.139*** (0.032)	−0.165*** (0.040)
VER					0.348*** (0.086)	0.373*** (0.112)	0.105*** (0.028)	0.063 (0.115)
HC	0.613*** (0.173)	0.358 (0.226)	0.925*** (0.172)	0.734*** (0.223)	0.961*** (0.174)	0.791*** (0.228)	0.538*** (0.133)	0.259 (0.215)
OPEN	−1.298** (0.582)	−1.625** (0.762)	−1.518** (0.625)	−1.889** (0.810)	−1.243* (0.636)	−1.576* (0.832)	−1.405** (0.628)	−1.771** (0.718)
MS	0.173 (0.256)	−0.099 (0.335)	−0.011 (0.282)	−0.318 (0.366)	0.148 (0.282)	−0.109 (0.368)	−0.121 (0.360)	−0.431 (0.326)
常数项	−1.917 (3.015)	4.258 (3.945)	0.224 (3.361)	6.796 (4.354)	−3.241 (3.279)	2.517 (4.286)	1.989 (3.115)	8.859** (3.874)
年份	控制	控制	控制	控制	控制	控制	控制	控制
个体	控制	控制	控制	控制	控制	控制	控制	控制
R^2（决定系数）	0.509	0.393	0.435	0.315	0.414	0.277	0.590	0.472

注：括号内的数值为 t 统计量。

* $p<0.1$，** $p<0.05$，*** $p<0.01$。

从表 2-3 的模型 1 中可以看出,命令控制型环境政策(回归系数 $\beta = 0.363$, $p<0.01$)对企业生态创新数量有显著的正向影响作用,说明命令控制型环境政策推动了企业生态创新数量的增加,因此假设 H1a 得到验证;模型 2 显示,命令控制型环境政策($\beta = 0.435$,$p<0.01$)对企业生态创新质量具有显著的正向影响作用,说明命令控制型环境政策推动了企业生态创新质量的提升,因此假设 H1b 得到验证。模型 3 中,市场型环境政策($\beta = -0.161$,$p<0.01$)对企业生态创新数量有显著的负向影响作用,假设 H2a 未得到验证;模型 4 中,市场型环境政策($\beta = -0.192$,$p<0.01$)对企业生态创新质量有显著的负向影响作用,假设 H2b 未得到验证。模型 5 中,自愿型环境政策($\beta = 0.348$,$p<0.01$)对企业生态创新数量有显著的正向影响作用,因此假设 H3a 得到验证;模型 6 中,自愿型环境政策($\beta = 0.373$,$p<0.01$)对企业生态创新质量有显著的正向影响作用,因此假设 H3b 得到验证。但是,当三类环境政策均进入回归模型后,自愿型环境政策($\beta = 0.063$,$p>0.1$)对企业生态创新质量的正向影响作用变得不显著。

2. 中介效应回归分析

为了进一步检验生态技术引进在环境政策与生态创新之间的中介效应,本章借鉴温忠麟等(2004)的检验方法,回归结果如表 2-4 所示。

从表 2-4 中可以看出,命令控制型环境政策($\beta = 0.451$,$p<0.01$)对生态技术引进具有显著的正向影响作用,将命令控制型环境政策和生态技术引进同时纳入模型进行回归后,结果显示,命令控制型环境政策($\beta = 0.308$,$p<0.01$)和生态技术引进($\beta = 0.122$,$p<0.01$)均对企业生态创新数量有显著的正向影响作用,并且命令控制型环境政策对企业生态创新数量的影响力度变弱(由 0.363 降为 0.308),因此,假设 H4a 成立,即生态技术引进在命令控制型环境政策与企业生态创新数量之间起到中介作用。从模型 9 可以看出,当命令控制型环境政策和生态技术引进同时纳入模型进行回归后,结果显示,命令控制型环境政策($\beta = 0.369$,$p<0.01$)和生态技术引进($\beta = 0.147$,$p<0.01$)均对企业生态创新的质量有显著的正向影响作用,并且命令控制型环境政策对企业生态创新质量的影响力度变弱(由 0.435 降为 0.369),因此,假设 H4b 成立,即生态技术引进在命令控制型环境政策与企业生态创新质量之间起到中介作用。

从表 2-4 中可以看出,市场型环境政策($\beta = -0.184$,$p<0.05$)对生态技术引进具有显著的负向影响作用,将市场型环境政策和生态技术引进同时纳入模型进行回归后,结果显示,市场型环境政策($\beta = -0.133$,$p<0.01$)对企业生态创新数量有显著的负向影响作用,而生态技术引进($\beta = 0.152$,$p<0.01$)对企业生态

表 2-4 生态技术引进的中介效应的回归结果

变量	IET 模型7	EIN 模型8	EIQ 模型9	IET 模型10	EIN 模型11	EIQ 模型12	IET 模型13	EIN 模型14	EIQ 模型15	EIN 全样本	EIQ 全样本
CER	0.451*** (0.132)	0.308*** (0.057)	0.369*** (0.075)							0.255*** (0.048)	0.330*** (0.052)
MER				−0.184** (0.078)	−0.133*** (0.034)	−0.158*** (0.044)				−0.124*** (0.030)	−0.147*** (0.034)
VER							0.346* (0.192)	0.292*** (0.082)	0.369*** (0.075)	0.105*** (0.027)	0.062** (0.029)
IET		0.122*** (0.038)	0.147*** (0.050)		0.152*** (0.039)	0.183*** (0.051)		0.162*** (0.039)	0.147*** (0.050)	0.094*** (0.021)	0.114*** (0.032)
HC	1.008** (0.407)	0.490*** (0.171)	0.210 (0.225)	1.411*** (0.387)	0.711*** (0.171)	0.476** (0.224)	1.469*** (0.389)	0.724*** (0.173)	0.210 (0.225)	0.453*** (0.140)	0.157 (0.322)
OPEN	−0.810 (1.370)	−1.199** (0.561)	−1.506** (0.739)	−1.069 (1.406)	−1.356** (0.591)	−1.693** (0.773)	−0.774 (1.419)	−1.118* (0.597)	−1.506** (0.739)	−1.315** (0.662)	−1.662** (0.787)
MS	0.317 (0.603)	0.135 (0.247)	−0.146 (0.325)	0.120 (0.635)	−0.029 (0.266)	−0.340 (0.348)	0.325 (0.628)	0.096 (0.264)	−0.146 (0.325)	−0.123 (0.351)	−0.433 (0.349)
常数项	−13.481* (7.095)	−0.271 (2.945)	6.240 (3.880)	−11.290 (7.562)	1.939 (3.202)	8.862** (4.186)	−15.427** (7.311)	−0.747 (3.130)	6.240 (3.880)	2.852 (3.022)	9.903* (5.098)
年份	控制	控制	控制	控制	控制	控制	控制	控制	控制	控制	控制
个体	控制	控制	控制	控制	控制	控制	控制	控制	控制	控制	控制
R^2	0.241	0.550	0.435	0.435	0.501	0.384	0.187	0.490	0.435	0.613	0.496

注：括号内的数值为 t 统计量。
* $p<0.1$，** $p<0.05$，*** $p<0.01$。

创新数量有显著的正向影响作用，并且市场型环境政策对企业生态创新数量的影响力度变弱（由 –0.161 降为 –0.133），因此，假设 H5a 成立，即生态技术引进在市场型环境政策与企业生态创新数量之间起到中介作用。从模型 12 中可以看出，当市场型环境政策和生态技术引进同时纳入模型进行回归后，结果显示，市场型环境政策（$\beta = -0.158$，$p < 0.01$）对企业生态创新质量有显著的负向影响作用，而生态技术引进（$\beta = 0.183$，$p < 0.01$）对企业生态创新质量有显著的正向影响作用，并且市场型环境政策对企业生态创新质量的影响力度变弱（由 –0.192 降为 –0.158），因此，假设 H5b 成立，即生态技术引进在市场型环境政策与企业生态创新质量之间起到中介作用。

从表 2-4 中可以看出，自愿型环境政策（$\beta = 0.346$，$p < 0.1$）对生态技术引进具有显著的正向影响作用，将自愿型环境政策和生态技术引进同时纳入模型进行回归后，结果显示，自愿型环境政策（$\beta = 0.292$，$p < 0.01$）和生态技术引进（$\beta = 0.162$，$p < 0.01$）均对企业生态创新数量有显著的正向影响作用，并且自愿型环境政策对企业生态创新数量的影响力度变弱（由 0.348 降为 0.292），因此，假设 H6a 成立，即生态技术引进在自愿型环境政策与企业生态创新数量之间起到中介作用。从模型 15 中可以看出，当自愿型环境政策和生态技术引进同时纳入模型进行回归后，结果显示，自愿型环境政策（$\beta = 0.369$，$p < 0.01$）和生态技术引进（$\beta = 0.147$，$p < 0.01$）均对企业生态创新质量有显著的正向影响作用，并且自愿型环境政策对企业生态创新质量的影响力度变弱（由 0.373 降为 0.369），因此，假设 H6b 成立，即生态技术引进在自愿型环境政策与企业生态创新质量之间起到中介作用。

3. 调节效应回归分析

市场化程度在三类环境政策影响企业生态创新数量和企业生态创新质量过程中的调节作用的结果，如表 2-5 所示。

从表 2-5 中可以看出，命令控制型环境政策和市场化程度的交互项对企业生态创新数量（$\beta = 0.023$，$p < 0.1$）和企业生态创新质量（$\beta = 0.024$，$p < 0.1$）均具有显著的正向影响作用，说明在市场化程度越高的地区，命令控制型环境政策在促进生态创新方面更为有效，假设 H7a 和 H7b 得到验证。市场型环境政策和市场化程度的交互项对企业生态创新数量（$\beta = -0.008$，$p > 0.1$）和企业生态创新质量（$\beta = -0.001$，$p > 0.1$）影响作用均不显著，假设 H8a 和 H8b 均未得到验证。自愿型环境政策和市场化程度的交互项对企业生态创新数量（$\beta = -0.103$，$p < 0.01$）和企业生态创新质量（$\beta = -0.141$，$p < 0.01$）均具有显著的负向影响作用，因此，假设 H9a 和 H9b 未得到验证。

表 2-5　市场化程度的调节作用结果

变量	EIN 模型16	EIN 模型17	EIQ 模型18	EIQ 模型19	EIN 模型20	EIN 模型21	EIQ 模型22	EIQ 模型23	EIN 模型24	EIN 模型25	EIQ 模型26	EIQ 模型27
CER	0.255***(0.057)	0.039(0.066)	0.310***(0.075)	0.081(0.077)								
MER					−0.102***(0.033)	−0.111***(0.037)	−0.123***(0.044)	−0.124**(0.050)				
VER									0.331***(0.073)	0.596***(0.112)	0.353***(0.099)	0.713***(0.152)
MD	0.409***(0.091)	0.142***(0.049)	0.475***(0.144)	0.117**(0.057)	0.485***(0.091)	0.471***(0.138)	0.569***(0.121)	0.567***(0.128)	0.566***(0.082)	0.481***(0.084)	0.668***(0.112)	0.553***(0.114)
CER×MD		0.023*(0.013)		0.024*(0.015)								
MER×MD						−0.008(0.017)		−0.001(0.022)				
VER×MD										−0.103***(0.034)		−0.141***(0.046)
HC	0.387**(0.168)	0.004(0.068)	0.096(0.303)	0.034(0.079)	0.550***(0.170)	0.560***(0.185)	0.294(0.225)	0.295(0.228)	0.465***(0.164)	0.366**(0.162)	0.205(0.223)	0.071(0.219)
OPEN	−1.199**(0.540)	1.058***(0.267)	−1.510**(0.568)	1.305***(0.310)	−1.321**(0.563)	−1.354***(0.500)	−1.657**(0.746)	−1.662**(0.755)	−1.085**(0.539)	−1.264**(0.524)	−1.388*(0.730)	−1.632**(0.710)
MS	0.008(0.240)	0.699***(0.073)	−0.292(0.471)	0.699***(0.084)	−0.138(0.255)	−0.130(0.398)	−0.467(0.338)	−0.466(0.340)	−0.127(0.241)	−0.140(0.233)	−0.435(0.327)	−0.452(0.316)
常数项	−0.377(2.814)	7.523**(4.924)	6.050(5.743)	5.729***(1.509)	1.235(3.029)	1.187(3.442)	7.983*(4.012)	7.976*(4.031)	−0.130(2.810)	0.680(2.728)	6.191(3.809)	7.292*(3.696)
年份	控制	控制	控制	控制	控制	控制	控制	控制	控制	控制	控制	控制
个体	控制	控制	控制	控制	控制	控制	控制	控制	控制	控制	控制	控制
R^2	0.582	0.598	0.464	0.481	0.547	0.548	0.426	0.426	0.585	0.616	0.448	0.490

注：括号内的数值为 t 统计量。
* $p<0.1$，** $p<0.05$，*** $p<0.01$。

2.4.3 稳健性检验

本章通过替换核心被解释变量的测量方法进行稳健性检验。其中，借鉴 Lee 和 Min（2015）、Ernst（2003）的做法，采用环保投入（变量符号为 EI）测量生态创新的数量，采用专利说明书的页数（变量符号为 SMS）测量生态创新的质量。稳健性检验的结果如表 2-6 所示。

表 2-6　替换自变量的稳健性检验

变量	EI 模型28	SMS 模型29	EI 模型30	SMS 模型31	EI 模型32	SMS 模型33	EI 全样本	SMS 全样本
CER	0.150*** (0.027)	0.410*** (0.059)					0.117*** (0.031)	0.354*** (0.054)
MER			−0.080*** (0.016)	−0.191*** (0.037)			−0.071*** (0.016)	−0.166*** (0.037)
VER					0.148*** (0.041)	0.349*** (0.093)	0.050*** (0.014)	0.058** (0.027)
HC	0.342*** (0.084)	0.745*** (0.182)	0.459*** (0.079)	1.089*** (0.181)	0.459*** (0.079)	1.153*** (0.189)	0.303*** (0.085)	0.645*** (0.168)
OPEN	−0.557* (0.281)	−0.798 (0.613)	−0.660** (0.288)	−1.056 (0.657)	−0.660** (0.288)	−0.752 (0.690)	−0.613** (0.257)	−0.946 (0.563)
MS	0.464*** (0.124)	0.375 (0.270)	0.363*** (0.130)	0.149 (0.297)	0.363*** (0.130)	0.366 (0.305)	0.316 (0.201)	0.044 (0.395)
常数项	−2.728* (1.457)	−3.268 (3.177)	−1.466 (1.547)	−0.575 (3.535)	−3.261** (1.545)	−4.911 (3.553)	−0.744 (1.987)	1.354 (4.147)
年份	控制	控制	控制	控制	控制	控制	控制	控制
个体	控制	控制	控制	控制	控制	控制	控制	控制
R^2	0.504	0.531	0.483	0.463	0.438	0.409	0.594	0.626

注：括号内的数值为 t 统计量。
*$p<0.1$，**$p<0.05$，***$p<0.01$。

从表 2-6 中可以看出，在替换了测量方法以后，命令控制型环境政策和自愿型环境政策对企业生态创新数量和企业生态创新质量仍具有显著的正向影响作用，市场型环境政策对企业生态创新数量和企业生态创新质量仍具有显著的负向影响作用。这与没有替换测量方式前的回归结果非常一致。因此，本章的结论具有稳健性。

2.5 结论和讨论

2.5.1 研究结论

本章基于波特假说，探究了三类环境政策（命令控制型、市场型、自愿型）、生态技术引进、市场化程度与生态创新之间的作用关系，主要得到以下研究结论。

（1）命令控制型环境政策对企业生态创新数量和企业生态创新质量均具有正向促进作用。本章得出的结论与以往研究（Aden et al., 1999；Dasgupta et al., 2001；Kagan et al., 2003；Cole et al., 2005）相似，即命令控制型环境政策有利于推动生态创新。在可持续发展的要求下，随着严格的环境规制政策的推出，限制使用污染技术或者强制使用清洁技术都会使企业的隐性成本升高，从而刺激企业的生态创新（Perman, 2003）。

（2）市场型环境政策对企业生态创新数量和企业生态创新质量均有显著的负向影响作用。生态技术研发风险的客观存在使研发投资的回报具有高度的不确定性，使大多数企业不愿意主动遵守环境法规的要求（Yi et al., 2019）。在一定程度上，由于排污费的合规成本较低，企业更愿意照常排放污染物，或者企业可以通过停止一些高污染项目，将资本配置转向高回报、低壁垒和无污染的金融服务等低风险活动来抵消市场型环境政策带来的成本；同时税收和交易成本的压力增加了企业的内部资本负担，在一定程度上占用了生态技术研发的资金，导致企业内部生产成本增加，抑制了企业的生态创新（Gray and Shadbegian, 2003）。

（3）自愿型环境政策对企业生态创新数量和企业生态创新质量均具有正向促进作用。本章得出的结论与以往的研究相似（Féres and Reynaud, 2012，Wesselink et al., 2011；Xie et al., 2017；Song et al., 2019），即自愿型环境政策有利于推动生态创新。企业的环境绩效直接影响企业的公众形象、产品品牌价值和顾客忠诚度（Anton et al., 2004；Dangelico, 2015），这些因素都会对企业的生态创新产生影响。此外，自愿型环境政策为企业提供了一定的灵活性，自愿型环境政策的采用取决于企业自身，因此，基于改善环境绩效的视角，自愿型环境政策可以刺激企业生态创新。

（4）生态技术引进在命令控制型和自愿型环境政策正向影响企业生态创新的过程中起到部分中介的作用。由于环境规制的存在，企业需要引进或研发绿色技术，开发低能耗的新产品，产生更少的污染，来达到环境法规的标准（Yang et al., 2012b；Banerjee et al., 2020）。与生态创新的高成本和高不确定性相比（Rennings, 2000），生态技术引进的成本更低，企业往往更注重通过引进成熟的生态技术，并加以二次利用，最终促进生态创新。尤其是实施自愿型环境政策的企业具有更强的主动性,更加愿意利用生态技术引进来实现生态创新。此外,当市场型环境政策成本低于生态技术引进成本时,企业进行生态技术吸纳的意愿降低,可能会通过增加产量来抵消排污成本(Krysiak,2011),并且企业也没有动力创新。同时,由于排污费的挤出效应,扩大生产规模和创新所需的投资被额外的环境治理费用挤出,企业生态创新的机会和潜力会受到约束(Zhang et al.,2020),因此,排污费取代了"生产性"投资导致企业生态技术吸纳和生态创新能力的下降。

(5)市场化程度在命令控制型环境政策对企业生态创新影响过程中起到正向调节作用,在自愿型环境政策对企业生态创新影响过程中起到负向调节作用。市场化程度越高,政府对企业行为决策的干预就越少,企业面临的环境治理的压力也就越大(翟华云和刘亚伟,2019)。因此,市场化程度正向调节命令控制型环境政策与生态创新之间的关系。然而,自愿型环境政策更加取决于企业的主动性,企业会依据公众需求、媒体关注度等实施环境政策,这与市场化程度在促进生态创新方面存在一定的替代作用。

2.5.2 理论贡献

与以往相比,本章主要有以下两个方面的理论贡献。

(1)本章深入探究了不同类型的环境政策对企业生态创新数量和企业生态创新质量的影响作用,丰富了波特假说。在以往的文献中,关于环境政策与企业生态创新之间的关系,得出了多种差异化的结论(Porter,1991;李婉红等,2013;Zhong and Peng,2022;Testa et al.,2011;张平等,2016;Lanjouw and Mody,1996;沈能和刘凤朝,2012;蒋伏心等,2013)。本章从数量和质量的角度,分别探究了命令控制型、市场型和自愿型环境政策对企业生态创新的影响作用,丰富和完善了波特假说。

(2)本章验证了市场化程度在环境政策与生态创新关系之间的调节作用,丰富了两者的作用机制。本章在厘清环境政策与生态创新关系的情况下,引入市场化程度这一调节变量,不仅完善了两者的内在机制研究,也为在中国情境下完善环境政策体系和优化市场化水平提供了理论支持。

2.5.3 管理启示

本章对三种不同类型的环境政策与生态创新的关系进行了探究,能够为政府制定相应的环境政策提供一定的参考。首先,针对各省区市不同的市场化水平,实行差异化的环境政策措施。例如,在市场化程度比较高的省区市,应重视命令控制型环境政策对企业生态创新的激励作用,要逐步提高市场型环境政策的强度,确保环境法规的有效实施。其次，各地要充分发挥自愿型环境政策在促进企业生态创新中的作用。政府要进一步鼓励公众参与环境保护、充分发挥民间环保组织的力量等，进一步促进企业实施自愿型环境政策。最后，企业需要提高环保意识，不能局限于终端治理的最低水平要求。企业要通过创新绿色工艺和淘汰落后生产设备，切实走生态创新和可持续发展的道路。面对政府的环保监管政策，企业应通过生态创新的方式降低政策遵从成本，积极利用自身的优势促进生态创新。

2.5.4 研究不足和未来展望

本章针对环境政策与生态创新之间的关系进行了探究，对相关理论和实践具有一定的贡献，但总体而言仍存在以下不足，未来需要进行进一步的研究和完善。

（1）虽然本章考察了不同的环境政策对生态创新的影响，但是对生态创新没有进行更加具体的划分，如技术创新、产品创新、制度创新等。在未来的研究中，需要更加关注不同类型的环境政策对不同生态创新行为的影响作用。

（2）在分析环境政策对生态创新的影响时，本章没有考虑环境政策和企业生态创新之间的内生关系。因此，未来的研究应该考虑环境政策与生态创新的内生性，甚至需要考察生态创新对环境政策的影响。

（3）在样本的选择方面，本章使用的省级层面的面板数据，难以反映微观企业间的差异。未来的研究可以采取更加有效的方式获取数据，对本章的结果进行进一步的验证。

2.6 本章小结

基于2014~2018年的面板数据，本章检验了三类环境政策对企业生态创新数量和企业生态创新质量的影响作用，以及生态技术引进的中介作用和市场化程度的调节作用。结果发现：命令控制型环境政策对企业生态创新数量和企业生态创新质量均具有正向促进作用；市场型环境政策对企业生态创新数量和企业生态创新质量均具有显著的负向影响作用；自愿型环境政策对企业生态创新数量和企业生态创新质量均具有正向促进作用；生态技术引进在命令控制型和自愿型环境政策正向影响企业生态创新的过程中起到部分中介的作用；市场化程度在命令控制型环境政策对企业生态创新影响过程中起到正向调节作用，在自愿型环境政策对企业生态创新影响过程中起到负向调节作用。

（本章执笔人：廖中举，陆洁）

第 3 章 环境信息披露与企业生态创新：
媒体关注度的调节作用

环境信息披露作为一种重要的环境监管方式，在推动企业承担环境保护责任方面具有重要作用。基于制度理论和声誉理论，沿着"制度—行为"的路径，本章构建了环境信息披露、媒体关注度与企业生态创新之间的关系模型，并对其进行了检验。

3.1 引　　言

21 世纪以来，经济增长与环境保护之间的失衡严重制约了社会的可持续发展，这使绿色增长模式逐渐成为世界各国关注的焦点话题（Li et al.，2022a）。在此背景下，企业作为环境污染源的主要产生者，如何适应新时代绿色经济发展的要求，是当前企业管理实践中所面临的亟须解决的难题（Cheng and Ge，2020；Jawaad and Zafar，2020）。生态创新作为一种特殊的创新形式，被认为是企业提升资源利用效率、降低环境污染与影响、实现可持续发展的一种有效措施（Kemp and Pearson，2007；Pan et al.，2021），它引起了学者和决策制定者的广泛兴趣与关注。

鉴于生态创新在企业减少环境风险、实现可持续发展中的重要作用，学者对其开展了大量研究，并取得了显著的研究进展。然而，我们通过文献回顾发现，以往的研究仍然存在着不足。在企业生态创新的前因研究方面，以往的学者一方面考察了环境法规、消费者的绿色需求、同行竞争压力等企业外部因素对企业生态创新的影响（Cai and Li，2018；Cai and Zhou，2014；Hojnik and Ruzzier，2016），另一方面探究了动态能力（Dangelico，2015）、技术能力（Cai and Li，2018）、整合能力（Aboelmaged and Hashem，2019）、认知能力（Przychodzen W and Przychodzen J，2018）等企业内部因素对企业生态创新的影响。然而，关于企业环境信息披露这一同时具有内外部特点的重要潜在影响因素却未得到充分的研究。

环境信息披露作为企业内部的一种面向外部利益相关者的战略选择，是一种典型的涉及第三方的非正式监管（Feng et al.，2021）。企业通过主动披露经营过程中环境相关的信息，不仅能够提升自身环境信息的可见性和透明度，降低企业的违规风险，同时能够通过满足利益相关者的合法性要求而获得相应的激励（Malik et al.，2023）。也就是说，环境信息披露可能会对企业的生态创新产生影响，因此，通过探究两者之间的关系能够弥补以往生态创新驱动因素研究的不足。此外，通过回顾企业生态创新前因的研究不难发现，以往的研究大多关注外部因素对企业生态创新的直接影响，对于影响两者关系的调节变量的探讨还不够充分。

因此，为了弥补上述研究的不足，本章重点探究环境信息披露对企业生态创新的影响作用，并进一步考察媒体关注度在环境信息披露和企业生态创新关系之间的调节作用。具体来说，本章具有以下两个方面的贡献：第一，结合环境规制与可持续发展的相关要求，探究了环境信息披露与企业生态创新之间的关系，并根据创新的内容与形式划分生态创新的维度，丰富了生态创新的驱动因素研究；第二，围绕声誉理论视角，引入媒体关注度作为调节变量，考察了其在环境信息披露和企业生态创新之间的调节作用，提高了环境信息披露对生态创新的解释力度。

3.2 理论基础与假设提出

利益相关者理论传达了一种核心思想，即企业与利益相关者之间是相互依存的共同体关系，企业的生存和发展都离不开利益相关者的支持与帮助（Freeman and Reed，1983）。因此，企业的生产、经营与管理活动都必须考虑到所有利益相关者，例如，满足他们对企业的合法性要求、综合考虑与利益相关者之间的整体利益（Miles，2017）。环境信息披露作为一种新型的环境管理工具，既是一种企业面向利益相关者的主动战略选择，也是利益相关者在可持续发展阶段对相应企业进行评估的关键证据（André et al.，2011；Lü et al.，2022）。

3.2.1 环境信息披露与企业生态创新

长久以来，生态创新被认为是开发新产品、工艺或服务的过程，在为企业和顾客带来价值的同时，可以显著减少对环境的负面影响（Fussler and James，1996）。依据创新的内容和形式，可将生态创新划分为两个维度，包括在生产过程中使用无毒化合物和可生物降解材料或修改产品设计的生态产品创新，以及在生产过程或将废物转化为有价值的物品的过程中有效利用资源的生态工艺创新（Choi and Yi，2018）。但生态创新具有双重外部性特征，大大降低了企业自主开展生态创新的意愿和动力（Rennings，2000；Tariq et al.，2019）。因此，政府出台严格的环境法规鼓励企业开展生态创新。基于制度理论，部分研究论证了命令控制型、市场型和自愿型环境政策给生态创新带来的积极影响（Ren et al.，2018；Wang et al.，2022b），并且强调公众和环保组织在环境保护中发挥了重要作用，因此，环境信息披露政策具有刺激生态创新实践的潜力（Peng and Ji，2022）。

企业可通过满足利益相关者的合法性要求，如遵守环境法规、履行社会契约等，来实现企业的长期持续存在与运营（Patten，1992）。企业通过主动披露经营过程中环境相关的信息，能够通过满足社会公众对企业有关环境绩效方面的知情权和期望的合法性要求获得相应的合法性激励（Malik et al.，2023），从而有效降低企业生态创新的风险与不确定性，对企业加大研发力度开展生态创新起到促进作用。投资者在对企业进行投资评估时，相较于增加股利，更看重企业的环境管理能力，因为这种能力可以诱使企业生态创新的产生（Epstein and Freedman，1994；Dibrell et al.，2015），投资者也会更愿意加大对环境信息披露水平较高的企业进行投资，帮助其降低融资成本，促进企业生态产品创新和生态工艺创新。对于对环境敏感的消费者而言，环境信息披露的吸引力同样不容小觑，消费者充当企业环境绩效的监督者角色，并倾向于购买绿色环保和清洁能源型的产品或服务，在倒逼企业不断改善环境绩效的同时，又可以用强大的环保产品与服务需求激励企业开展更多的生态产品创新和生态工艺创新（Rennings et al.，2006；Dibrell et al.，2011）。追求良好的环境绩效的企业，可以通过生态创新吸引更多的消费者为环保付费，为企业带来更多的利润，而这些利润又可以进一步推动企业的生态创新（Huang and Li，2017；Marzucchi and Montresor，2017）。综上，本章提出以下研究假设。

H1a：环境信息披露对企业生态产品创新具有正向影响作用。

H1b：环境信息披露对企业生态工艺创新具有正向影响作用。

3.2.2 媒体关注度的调节作用

媒体作为第三方监督主体，通过传播企业信息在资本市场和公司治理中发挥重要作用，而由于媒体报道会对企业的声誉资本产生影响，因此企业对媒体的报道会更具敏感性（张玉明等，2021）。声誉理论强调声誉是一项重要的无形资产，具有一定的价值、竞争者难以复制和模仿等特征，良好的声誉既优化了公司治理的效果，也提升了企业的竞争优势（Louisot，2004；Karabay，2014）。

具体而言，一方面，媒体作为信息传递的中介，通过传播企业真实的环境信息来有效降低或规避企业与利益相关者间所产生的信息不对称问题，加大信息的透明度，帮助利益相关者以较低的信息搜索成本及时获取企业的环境信息，从而做出更明智的投资决策行为（Tetlock et al.，2008；Bushee et al.，2010）。良好的环境绩效有利于企业获得来自利益相关者的支持，并可以降低企业的融资约束与融资成本，为企业带来更多的现金流量，有利于企业加大对生态创新的研发投入（Frankel et al.，1995；Li et al.，2022b）。另一方面，媒体承担监督治理的职责，或以公众舆论引起监管部门关注的方式，对环境绩效不良的企业施加监管压力，倒逼企业加大对环境保护的投资，提高环境信息披露的质量和水平，刺激企业生态创新（Xiang et al.，2020）。在媒体关注度较高的情况下，企业为了在利益相关者心中树立绿色形象，提升自身声誉，以便获取更多有利的资源，往往会开展生态创新（Mullainathan and Shleifer，2005；Ahern and Sosyura，2015）。综上，本章提出以下研究假设。

H2a：媒体关注度正向调节环境信息披露与企业生态产品创新之间的关系。

H2b：媒体关注度正向调节环境信息披露与企业生态工艺创新之间的关系。

基于上述理论分析与假设推导，本章构建了环境信息披露、媒体关注度与生态创新的研究模型，如图 3-1 所示。

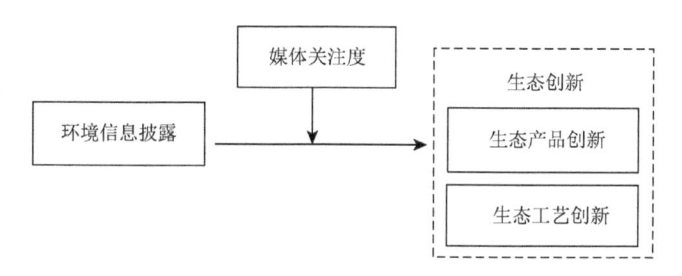

图 3-1 环境信息披露、媒体关注度与生态创新的研究模型

3.3 方　　法

3.3.1 数据来源

现行环境法规对重污染行业上市企业是否披露环境信息实行了重点监督，且重污染行业上市企业倾向于披露环境信息表明自身可持续发展的理念（方颖和郭俊杰，2018）。因此，本章选取沪深 A 股上市的重污染企业作为研究对象。本章将样本期限定为 2014~2018 年，剔除 2014 年及之后的 A 股上市企业、剔除样本选择期间财务状况出现异常且可能面临退市风险的企业，并剔除指标数据缺失较多的企业，最终获得了 200 家重污染企业的平衡面板数据。

3.3.2 变量测量

（1）环境信息披露。目前内容分析法依然是学者测量环境信息披露的主流方法（Yang et al.，2020b），因此，本章依据《环境信息公开办法（试行）》、《上市公司环境信息披露指南》（征求意见稿）及《上海证券交易所上市公司环境信息披露指引》三种政策文件，借鉴毕茜等（2012）的做法，在建立指标体系的基础上对每个样本企业进行评分，然后将每个样本企业环境信息披露的实际得分除以此样本企业在理想状态下的最大可能得分,得到环境信息披露指数。

(2) 生态创新。借鉴 Brunnermeier 和 Cohen (2003)、Liao (2020) 的做法,本章采用绿色专利的申请量来衡量生态产品创新,其中,将包含"低碳""绿色""减排""节能""清洁""循环"等关键词的专利视为绿色专利。对于生态工艺创新,借鉴李大元等(2016)、Li 等(2018a)的做法,本章以企业是否通过环境管理体系认证(ISO14001)作为衡量标准,若通过认证,赋值为 1,否则为 0。

(3) 媒体关注度。参照陶文杰和金占明(2012)的做法,本章在纸质媒体"中国重要报纸全文数据库"中分年度统计企业被报道的次数,通过企业被媒体报道的次数衡量媒体关注度。鉴于部分企业媒体报道次数可能为 0,本章对媒体报道次数进行了加 1 后对数化处理。

(4) 控制变量。在参照现有研究的基础上(Hu et al., 2021b;Liang et al., 2022),本章将选取企业年龄、偿债能力、净资产收益率、两职合一、总资产净利润率、托宾 Q 值等变量作为控制变量。变量符号和具体测量方法如表 3-1 所示。

表 3-1 变量符号和具体测量方法

变量类型	变量名称	变量符号	测量方法
因变量	环境信息披露	EDI	$\Sigma X_i/42$ ($i = 1, 2, \cdots, 23$)
自变量	生态产品创新	ECOPDI	绿色专利的申请量
	生态工艺创新	ECOPRI	是否通过 ISO14001 认证
调节变量	媒体关注度	MEDIA	媒体报道次数
控制变量	企业年龄	AGE	企业成立年限
	偿债能力	LEV	总负债/总资产×100%
	净资产收益率	ROE	净利润/平均股东权×100%
	两职合一	TJIO	若董事长与总经理两职合一则设置为 1,否则为 0
	总资产净利润率	NPROTA	净利润总额/资产平均总额
	托宾 Q 值	TobinQ	资产市场价值/重置价值

3.4 数据分析与实证结果

3.4.1 描述性分析

环境信息披露、生态产品创新、生态工艺创新、媒体关注度、偿债能力、净资产收益率、企业年龄、总资产净利润率、两职合一及托宾 Q 值的相关性分析,见表 3-2。

表 3-2　变量的均值、标准差与相关性

变量	均值	标准差	EDI	ECOPDI	ECOPRI	MEDIA	LEV	ROE	AGE	NPROTA	TJIO	TobinQ
EDI	0.314	0.144	1									
ECOPDI	0.813	1.109	0.312***	1									
ECOPRI	0.425	0.495	0.100***	0.291***	1								
MEDIA	1.901	1.287	0.176***	0.280***	0.187***	1							
LEV	0.479	0.184	0.180***	0.169***	0.0180	0.086**	1						
ROE	7.038	9.423	0.004	-0.089***	-0.114***	0.012	-0.289***	1					
AGE	2.983	0.203	0.077**	-0.075**	-0.057*	-0.005	-0.011	0.068**	1				
NPROTA	0.040	0.050	-0.033	-0.097***	-0.077**	0.005	-0.494***	0.858***	0.093***	1			
TJIO	0.158	0.365	-0.092***	-0.085**	0.0230	-0.001	-0.058*	0.075***	0.023	0.082**	1		
TobinQ	1.718	1.026	-0.239***	-0.168***	-0.095***	-0.068**	-0.448***	0.198***	-0.008	0.347***	0.137***	1

* $p<0.1$，** $p<0.05$，*** $p<0.01$。

从表 3-2 中可以看出，环境信息披露的均值为 0.314，说明在我国重污染行业中，环境信息披露的整体水平不够高；生态产品创新的均值为 0.813，说明企业生态产品创新的强度还较低，生态工艺创新的均值为 0.425，表明进行环境管理体系认证的企业数量还有很大的增长空间；媒体关注度的均值为 1.901，说明大多数企业媒体关注度的强度比较低。生态产品创新、媒体关注度、净资产收益率及托宾 Q 值的标准差大于 1，说明样本间存在一定差异；而其他变量的标准差小于 0.5，说明样本间差异不大。此外，环境信息披露与生态产品创新、生态工艺创新存在显著的正相关关系。同时，为了检验多重共线性问题，本章进行了方差膨胀因子（variance inflation factor，VIF）检验，发现 VIF 的平均值为 2.02，最大值为 7.08，小于 10。因此，不存在严重的多重共线性问题。

3.4.2 假设检验

本章构建了双重固定的面板数据模型，基于普通最小二乘法（ordinary least square，OLS），检验上述假设。

1. 环境信息披露对企业生态创新的影响作用

环境信息披露对企业生态创新的影响作用的回归结果，如表 3-3 所示。

表 3-3 环境信息披露对企业生态创新的影响作用的回归结果

变量	ECOPDI		ECOPRI	
	模型 1	模型 2	模型 3	模型 4
EDI		1.943***		0.414***
LEV	0.841***	0.521*	0.152	0.065
ROE	−0.015*	−0.012	−0.011***	−0.011***
AGE	−0.221	−0.232	−0.113	−0.126
NPROTA	3.887**	2.941	2.305***	2.233***
TJIO	−0.136	−0.086	0.099**	0.115***
TobinQ	−0.147***	−0.116***	−0.112***	−0.106***
常数项	1.485***	1.159**	1.014***	0.979***
年份	控制	控制	控制	控制
行业	控制	控制	控制	控制
观测值	1000	1000	1000	1000
R^2	0.228	0.269	0.197	0.209

* $p<0.1$，** $p<0.05$，*** $p<0.01$。

第3章 环境信息披露与企业生态创新：媒体关注度的调节作用

从表 3-3 的基准回归结果来看，模型 2 表明，环境信息披露（$\beta=1.943$，$p<0.01$）对企业生态产品创新具有显著的促进作用；模型 4 表明，环境信息披露（$\beta=0.414$，$p<0.01$）对企业生态工艺创新具有显著的促进作用。这说明环境信息披露有利于生态创新水平的提高，即环境信息披露正向激励企业开展生态产品创新和生态工艺创新，因此，假设 H1a 和 H1b 成立。

2. 媒体关注度的调节作用检验

媒体关注度的调节作用结果，如表 3-4 所示。

表 3-4 媒体关注度的调节作用结果

变量	ECOPDI 模型 5	ECOPDI 模型 6	ECOPRI 模型 7	ECOPRI 模型 8
EDI	1.676***	1.604***	0.370***	0.390***
MEDIA	0.175***	0.173***	0.051***	0.051***
EDI×MEDIA		0.589***		−0.145*
LEV	0.390	0.424	0.026	0.018
ROE	−0.012	−0.0122	−0.011***	−0.011***
AGE	−0.250	−0.266*	−0.141	−0.136
NPROTA	2.527	2.575	2.060**	2.049**
TobinQ	−0.115***	−0.111***	−0.103***	−0.104***
常数项	0.943*	1.786***	0.935***	1.145***
年份	控制	控制	控制	控制
行业	控制	控制	控制	控制
观测值	1000	1000	1000	1000
R^2	0.301	0.310	0.223	0.226

* $p<0.1$，** $p<0.05$，*** $p<0.01$。

从表 3-4 中可以看出，媒体关注度对生态产品创新（$\beta=0.175$，$p<0.01$）与生态工艺创新（$\beta=0.051$，$p<0.01$）均产生了显著的正向影响，这表明媒体关注度对企业生态创新具有一定的解释作用。将环境信息披露与媒体关注度的交乘项纳入回归模型 6 和模型 8 后，发现媒体关注度能够正向调节环境信息披露与生态产品创新之间的关系（$\beta=0.589$，$p<0.01$），却对环境信息披露与生态工艺创新之间的关系产生了负向调节作用（$\beta=-0.145$，$p<0.1$），即较高的媒体关注度，强化了环境信息披露对企业生态产品创新的正向影响作用，削弱了环境信息披露对企业生态工艺创新的正向影响作用。因此，假设 H2a 得到验证，假设 H2b 不成立。

3.4.3 稳健性检验

为了进一步验证结果的稳健性，本章通过调整样本期来测试基准回归和调节效应模型，考虑到 2018 年 1 月 1 日中国正式实施了《中华人民共和国环境保护税法》，力图采取严格的法律法规来约束企业污染环境的行为，为了排除该环境政策的影响，最终我们将稳健性检验的样本期由 2014~2018 年调整为 2015~2017 年，结果如表 3-5 所示。回归结果总体上支持了最初的结论。

表 3-5 稳健性检验（调整样本时间段）

变量	ECOPDI	ECOPRI	ECOPDI	ECOPRI
EDI	1.837***	0.461***	1.490***	0.449***
MEDIA			0.189***	0.046**
EDI×MEDIA			0.615**	−0.143
LEV	0.362	0.041	0.308	0.006
ROE	−0.017*	−0.009**	−0.017*	−0.008**
AGE	−0.226	−0.124	−0.260	−0.130
NPROTA	3.375	1.610	3.169	1.405
TJIO	−0.077	0.100	−0.046	0.105**
TobinQ	−0.102**	−0.096***	−0.096***	−0.093***
常数项	1.236**	0.986***	0.971*	0.927***
年份	控制	控制	控制	控制
行业	控制	控制	控制	控制
观测值	800	800	800	800
R^2	0.296	0.222	0.340	0.238

* $p<0.1$，** $p<0.05$，*** $p<0.01$。

3.5 结论和讨论

3.5.1 研究结论

基于制度理论、利益相关者理论、声誉理论等，本章构建了环境信息披露、生态创新及媒体关注度的研究模型，并以沪深 A 股上市的 200 家重污染企业 2014~2018 年的面板数据为样本，对研究模型进行了检验，主要得到以下结论。

（1）环境信息披露有助于提高企业生态创新水平。从降低融资成本、缓解融资约束的角度看，这与 Yin 和 Wang（2018）、Du 等（2022）、Bangmek 等（2020）、Li 等（2022a）的研究结论相似，环境信息披露能够帮助企业获得来自利益相关者的青睐，包括以更低的成本争取来自银行、投资者及金融机构等的资金，以更大的需求刺激消费者购买绿色产品或服务，以相对的优势获得政府的政策倾斜等，从而有利于企业积极开展生态产品创新和生态工艺创新。

（2）媒体关注度在环境信息披露与企业生态产品创新之间起到正向调节作用。这进一步论证了 Küçükoğlu 和 Pınar（2015）、Tang 等（2018）的观点，即利益相关者更容易认可通过聚焦于生产新的产品或服务来减少对环境造成的负面影响或者与现有产品相比对环境产生更小的负面影响的生态产品创新实践，却对现有生产工艺的改进或使用无害技术生产商品与服务的生态工艺创新难以认可，因为他们并不能确定与企业内部生产力直接相关的生态工艺创新可以减少对环境的负面影响。

3.5.2 管理启示

本章得出的结论对企业和政府具有以下几个方面的启示。

（1）重污染企业应该积极披露环境信息。目前，在中国，企业进行环境信息披露主要还是以自愿披露为主、强制性披露为辅的方式，这导致部分企业出于对降低成本、提高收益及掩盖较差的环境绩效的考虑而不愿意披露自身的环境信息。但结合研究结果来看，企业更为长远的发展可以依靠积极披露环境信息带来经济效益和创新产出，如重污染企业披露环境信息一方面有利于提高企业声誉、降低企业与投资者之间的信息不对称性以及缓解企业的融资压力；另一方面环境信息披露可通过增加生态创新产出，创造产品或服务竞争优势，实现企业绩效增长。此外，应注意披露信息的真实性、全面性及可用性，在提高环境信息披露数量的同时也要对披露质量加以把握。

（2）重污染企业应重视生态创新在环境保护主义时代的内涵，积极实施生态创新战略。一方面，企业应该不断强化绿色环保理念，提高绿色学习能力，充分重视生态创新，并将其作为企业获得竞争优势的重要途径；另一方面，企业应该科学地制定战略，推动生态创新战略的实施，并借助新媒体平台加大对生态创新活动的宣传，树立起企业绿色环保的良好形象，为企业积极披露环境信息、展示良好的环境绩效增添动力。

（3）政府应加快对环境信息披露制度完整体系的构建与完善。作为制定环境信息披露制度的主体，政府及相关环保部门应当最大限度地完善及优化环境信息披露制度，构建统一、标准的环境信息披露评分体系，引入第三方审计机构，加大对上市企业环境信息披露的内容审查，增强企业间的可比性，并进一步根据审查结果对环境信息披露水平高的企业实施奖励性措施,对环境信息披露水平低的企业采取相应的惩罚措施,进而督促企业积极、主动地进行高质量的环境信息披露。此外,政府也应当适时完善相应的法律法规来正确引导媒体及公众舆论,充分发挥媒体及公众的监督作用,以激励企业将环境信息披露纳入公司治理之中。

3.5.3 研究不足和未来展望

本章在获得有意义的结论的同时,还存在一些不足之处需要在后续研究中进行进一步改进。

(1)本章仅将重污染行业的上市企业作为研究对象,考察环境信息披露对企业生态创新的作用效果,而对于非重污染行业的企业来说,环境信息披露对企业生态创新产生了怎样的作用效果尚缺乏定论。未来的研究可进一步考虑环境信息披露对非重污染企业的影响作用,并对两种不同样本的结果进行对比。

(2)本章仅利用媒体报道总数来衡量媒体关注度的强度,并未对媒体报道进行态度倾向或情感倾向的区分。未来的研究可进一步对媒体报道倾向进行区分(如正面报道、负面报道),以检验在不同的强度及态度倾向下,媒体关注度作为调节变量会对结果产生怎样不同的影响。

3.6 本章小结

本章选取沪深 A 股上市的 200 家重污染企业 2014~2018 年的面板数据作为研究样本,检验了环境信息披露对企业生态创新的影响作用,以及媒体关注度的调节作用。研究结果表明:环境信息披露对企业生态产品创新和生态工艺创新均具有正向促进作用;媒体关注度正向调节了环境信息披露对企业生态产品创新的影响。本章拓展了环境信息披露的经济效果研究,丰富了生态创新的前因研究,并为完善环境信息披露制度和提高企业生态创新水平提供了借鉴。

(本章执笔人:廖中举,刘萍,鲍萍)

中篇：正式制度、非制度性因素与企业生态创新

正式制度往往与非制度性因素共同对企业生态创新产生影响作用。以往学者在探究正式制度对企业生态创新的影响作用时，倾向于将非制度性因素作为调节变量或者中介变量（Huang et al., 2016；Li et al., 2017a）。鉴于此，为了弥补以往研究存在的不足，本章将剖析正式制度与非制度性因素对企业生态创新的共同影响。

第 4 章选取制造行业的企业作为研究样本，除了检验执法监督对企业实质型和策略型生态创新的影响作用以外，还检验媒体监督和公众监督的影响作用。同时，该章选择警觉性作为调节变量，检验警觉性在三类监督对企业两类生态创新行为的影响过程中所起到的调节作用。

第 5 章选取重污染行业的企业作为研究样本，运用扎根理论的研究方法，基于计划行为理论，识别影响企业生态创新的因素。旨在剖析除了政府规制以外，还存在哪些影响企业生态创新的非政府因素，例如，行业竞争、消费者绿色需求等因素。

第 6 章以 13 个不同行业的 123 家上市公司为研究对象，探究影响企业生态创新的制度因素、市场因素和企业内部因素。由于制度因素、市场因素和企业内部因素对企业生态创新产生影响作用时，三大类因素存在交互作用或者存在不同的作用路径，该章采用模糊集定性比较分析方法对数据进行了分析。

第4章 多重监督与企业生态创新：
警觉性的调节作用

基于制度理论、利益相关者理论、特质理论等，本章构建执法监督、媒体监督和公众监督影响企业生态创新行为选择的关系模型，并选择企业警觉性作为调节变量，采用多元回归分析方法对其进行检验。

4.1 引　　言

近年来，全球变暖、环境污染以及自然资源短缺都对人类社会构成了严重威胁，可持续发展的呼声越来越迫切（Hoang et al.，2019；Yadav et al.，2021）。企业作为环境问题的主要承担者，已不再适宜以破坏环境为代价的发展道路。由于生态创新能够通过提高能源与资源使用效率进而达到清洁生产、节能减排的目标（Cecere et al.，2014；Provasnek et al.，2017），它成为企业实现可持续发展的重要手段。生态创新是传统经济增长方式与生态环境保护理念的矛盾下追求可持续发展的产物，在不同的学科背景和偏好下，学者用不同的概念来表达生态创新，例如，绿色创新（Chen，2008）、环境创新（Renning and Rammer，2011）、可持续创新（Wheeler and Elkington，2001）等。尽管措辞不同，但所有的定义都包括环境成分，并反映了生态创新的两个主要后果：降低对生态环境的不利影响和提高社会资源的利用效率（Hojnik and Ruzzier，2016）。

然而，生态创新除了具有投资风险高和回报具有不确定性的特点，它还具有正外部性（Rennings，2000），导致企业难以获得创新所产生的全部收益，因此，需要政府制定环境政策以进行合理的干预（Berrone et al.，2013）。但是，政府在推动企业进行生态创新时，可能未能达到理想的效果（Arnouts and Arts，2009；Pelletier，2010），这使媒体和公众成为影响企业生态创新的因素。例如，媒体能够连接企业与政府、消费者、投资者等利益相关者，从而发挥媒体监督功能（Dyck et al.，2008）。因此，媒体监督和公众监督是弥补执法监督存在的不足、提升企业生态创新水平以及完善环境治理的重要方式。

以往的学者基于制度理论和利益相关者理论，围绕不同形式的监督与企业环境行为之间的关系展开了大量的研究，取得了一定的进展。例如，Laplante 和

Rilstone（1996）、Hamamoto（2006）、Brown 和 Deegan（1998）、Aerts 和 Cormier（2009）、Fedorenko 和 Sun（2016）、Wu 等（2022）分别检验了执法监督、媒体监督和公众监督对企业生态创新、环境行为等的影响作用。然而，以往的研究还存在一些有待进一步探索之处：第一，以往的学者在检验外部监督与生态创新之间的关系时，侧重于检验外部监督对不同类别生态创新的影响作用（Brunnermeier and Cohen，2003；Liao，2018a），而忽略了对不同性质的生态创新的研究；第二，以往的学者关于外部监督与生态创新之间的关系尚未得出一致的结论，例如，Horbach 等（2013）发现来自公众的监督会对企业的生态创新行为产生一定影响，而 Stafford（2007）发现对于市场竞争压力较小的企业，公众监督较难推动企业主动服从环境标准；第三，以往学者选择组织文化（Chu et al.，2019；Dai et al.，2018）、政治关联（Wu et al.，2022）等作为调节变量，尝试打开监督与生态创新之间的黑箱，而忽略了企业的内在特质、能力等变量的作用。

鉴于此，为了弥补以往研究存在的不足，以制度理论、利益相关者理论、特质理论等为基础，本章将探讨执法、媒体与公众三重监督与企业生态创新的关系，以及企业警觉性的调节作用。具体而言，本章在将生态创新划分为实质型生态创新和策略型生态创新的基础上，分别检验三种类别的监督对不同性质的生态创新的影响作用，并探讨不同警觉性水平下，三类监督与企业生态创新之间关系的变化。本章的主要贡献在于：第一，从性质的视角将生态创新划分为实质型生态创新和策略型生态创新，探究了不同形式的外部监督下企业生态创新模式的选择，有利于丰富制度理论和利益相关者理论；第二，选择警觉性作为调节变量，打开了监督与企业生态创新之间的内在机理，有助于丰富企业警觉性的相关理论。

4.2 文献回顾与研究假设

虽然生态创新对社会可持续发展意义重大，但是生态创新的"双重外部性"特点（Rennings，2000；Oltra and Jean，2009），使生态创新投资存在高风险、回报不确定等问题，进而影响企业进行生态创新的动机。从创新性质的角度，本章把生态创新划分为实质型生态创新与策略型生态创新两个维度，并借鉴一般性创新分类的定义，把实质型生态创新定义为以推动技术进步，实现经济利益与环境利益双赢为目标的"深度"创新行为，而策略型生态创新则指在短期内追求创新绿色成果以应对政府、消费者等利益相关者压力的"表面"创新行为（Hobday，2005；Jiang and Bai，2022）。本章将探索多重监督对企业生态创新行为选择的影响。

4.2.1 多重监督对企业生态创新行为的影响

1. 执法监督与企业生态创新

环境执法监督是指政府环境部门及其工作人员为执行环境法律法规所采取的行为（Lo and Fryxell，2005；Konisky，2007）。作为环境制度的一个重要组成部分，环境执法监督对企业生态创新行为具有较强的影响作用（Zhang et al.，2021）。波特假说指出，严格的环境政策会刺激生态创新，通过资源效率的提高带来更高的经济效率（Porter and van der Linde，1995）。执法监督可以通过激励企业以不同的方式思考，同时为企业提供关于如何改变或适应其技术的信息，从而推动创新（Doran and Ryan，2016）。

严格的环境执法监督意味着为污染设定严格的价格，这些政策会激励企业寻求避免这些成本的方法，引发企业相关的创新行为（Ashford et al.，1985）。如果企业当前的技术水平达不到环保要求，那么在环境执法监督的压力下，企业可能会彻底地进行清洁生产改革，一劳永逸地达到环保要求。因此，本章提出以下假设。

H1a：执法监督对企业实质型生态创新具有正向影响作用。

由于生态创新投资回报的不确定性，即使环境执法监督加强，企业仍无法从进行实质型生态创新中获取全部利益（Palmer et al.，1995）。但由于执法监督的强制性要求，企业会采取一些初步的措施来改善其环境管理（Liu，2009），以满足企业的合法性需求。企业会根据政策法规要求以及执法力度，相应地进行一些局部的改革创新以展现环保形象（Rennings and Rammer，2011；Zhang et al.，2021）。

同时，由于政府部门没有较为明确的标准来监控企业的生态创新（Peng and Liu，2016），信息不对称问题会导致企业出现投机行为（Liu et al.，2015）。在环境法规具有较大灵活性且不规定较短合规期限的情况下，企业会进行风险较小的节约型创新战略，即策略型生态创新（Kemp，1997）。因此，本章提出以下假设。

H1b：执法监督对企业策略型生态创新具有正向影响作用。

2. 媒体监督与企业生态创新

媒体具有收集、选择、验证和重新打包信息的作用，它连接企业与政府、消费者、投资者等利益相关者，大大推动了企业与社会各个方面的信息流动，从而发挥媒体监督功能（Dyck et al.，2008）。媒体能够通过监督向企业高层管理者施加压力，使其按"社会可接受的"行为方式扮演角色，进而影响企业的环保行为

（Dyck et al.，2008）。在媒体监督下，企业会把履行环境责任的方式作为提升企业合法性水平的途径（Deegan et al.，2000）。

媒体监督通过增加企业的失信成本、声誉收益等影响企业的行为。媒体的积极报道有利于企业树立良好的社会形象和提高企业声誉，从而在未来的经营活动中获得更多的便利；媒体的负面报道则会导致企业面临社会的舆论压力和市场的负面反馈，甚至可能引发政府的行政处罚与法律诉讼。媒体的信息传播提高了包括投资者和消费者在内的公众对于企业信息的认知水平（Fang and Peress，2009），使其更理性地做出相关投资或消费决策。为了利用好媒体传播的正面影响并减少负面影响，企业将积极采取实质型生态创新战略，树立绿色、正面的企业形象。因此，本章提出以下假设。

H2a：媒体监督对企业实质型生态创新具有正向影响作用。

生态创新的投资成本高和回报不确定性带来的经济风险会削弱企业的创新动机，但媒体的舆论监督仍会给企业带来压力。出于获得公关、声誉效应等目的，企业可以通过社会责任绩效，来影响其媒体报道，从而树立良好的社会形象（Cahan et al.，2015）。因此，企业可能会避开核心业务，选择策略型生态创新来获得积极、正面的形象，既通过实施策略型生态创新履行社会责任，同时又规避了过大的经济风险。因此，本章提出以下假设。

H2b：媒体监督对企业策略型生态创新具有正向影响作用。

3. 公众监督与企业生态创新

在环境领域，公众监督可以理解为"公众为维护个人或社会的环境利益，对环境污染和破坏等事件采取报告、检举、上诉等行为"（Relyea，1975）。随着环境法规的完善，公众作为环境资源和环境治理的受益者，已经确立了参与环境保护和治理的必要性（Mauerhofer and Larssen，2016）。例如，2018年以来，中国政府出台了一系列政策，推动上市公司积极披露环境信息；公众可以了解企业的实际污染物排放情况，为实现公众监督提供了前提和基础。由于资源有限和信息不对称，很多环境违法行为无法被环境监督部门实时监控，而公众人数众多，受时间、空间的限制小，能够有效地通过揭露企业的污染行为，引起相关部门以及社会舆论的关注，降低企业破坏环境的概率。因此，公众监督压力下的企业往往会主动加大研发力度，开展生态创新以规避风险。

企业进行生态创新的核心驱动力是潜在的经济回报，而经济回报最终取决于由公众作为消费者构成的市场对企业产品的认可度（Horbach et al.，2013）。因此，来自公众监督的压力在企业积极进行生态创新中具有重要作用（Liu，2009）。企业不只是简单追求短期财务回报率，更追求长期的可持续回报率。面临公众对环保产品需求的增加，企业会考虑长期投资于清洁技术（Montalvo，2008）来赢得消费者市场。因此，本章提出以下假设。

H3a：公众监督对企业实质型生态创新具有正向影响作用。

虽然公众监督给企业带来了合法性压力，但企业进行生态创新决策前会平衡考虑相关的收益与支出。消费者对企业履行社会责任的期盼和公众呼声会影响企业的生态创新可能性，但不会影响其投资水平；企业在应对公众压力时会采取一些生态创新活动，但可能不会投入大量资源进行生态创新（Kesidou and Demirel，2012）。在公众压力下，企业可能会在生态创新方面策略性地进行投资，以便使其行为合法化，改善其"绿色"形象（Suchman，1995）。也就是说，企业可能会遵从公众的期望进行生态创新，但投入水平可能不太高（Maxwell et al.，2000）。因此，本章提出以下假设。

H3b：公众监督对企业策略型生态创新具有正向影响作用。

4.2.2 企业警觉性的调节作用

企业警觉性是企业整体获取信息，感知内外部环境中的机会、威胁或不连续线索的能力（Kirzner，1999；Vaghely and Julien，2010）。执法、媒体和公众构成的三重监督对于企业而言既是压力，同时又带来了潜在的获利机会。企业的生态创新是一个复杂的过程，往往需要较长时间才能获得回报（Kiss and Barr，2017）。高警觉性的企业在面对外部多重监督压力时，更能从中识别出潜在的机会（Tang et al.，2012），配置并协调资源，进而增加生态创新投入，赢得长期市场回报（Li et al.，2013）。

1. 企业警觉性对执法监督与生态创新的调节作用

高警觉性能够帮助企业从政府相关的政策文件、市场环境等各种途径中整合信息（Gaglio and Katz，2001），敏锐地发现碎片信息中隐含的信号（Baron，2006），并对信息进行加工，为企业生态创新提供信息或知识支持（Amato et al.，2017）。在企业警觉性较低的情况下，企业面对高强度的环境执法监督反应迟滞，不能及时在生态创新方面有所行动，甚至在资金、声誉等方面遭受损失。在高警觉性情况下，企业能探知更为全面的信息从而推断出发展方向，及早对执法监督做出应对，更可能采取耗时长但具有长远效益的实质型生态创新战略，抢占市场先机（Roundy et al.，2018）。企业率先响应执法监督的行为能帮助企业优先获取政府提供的政策优惠等资源（Zaheer A and Zaheer S，1997），投入实质型生态创新的探索中。

同时，高警觉性的企业能够在应对执法监督的同时试验性地行动。如果探索性的行动结果表明，当前市场的业务和产品情况不能可持续地支持企业进行实质型生态创新，企业则会选择低风险的策略型生态创新（Robert Baum and Wally，2003）。因此，本章提出以下假设。

H4a：企业警觉性正向调节执法监督与实质型生态创新之间的关系。

H4b：企业警觉性正向调节执法监督与策略型生态创新之间的关系。

2. 企业警觉性对媒体监督与生态创新的调节作用

媒体监督作为非正式的外部压力，本身对企业并不具有强制约束力，而是通过媒体塑造的信息环境，引入行政干预或市场机制影响，从而减少企业与消费者、投资者等利益相关者的信息不对称现象（Yang et al.，2020a）。高警觉性的企业能够不断地扫描、搜索和评估外部舆论条件，以及时调整、更新或选择应对外部环境所需的战略行动（Patel，2019）。这些企业在感知到媒体监督可能给企业带来损失时，会减少机会主义行为，推动企业通过实施实质型生态创新来弱化负面舆论，树立正面形象。

同时，高警觉性的企业能够更精准地判断外部环境，发现外部舆论监督压力下，媒体关注给自身带来的潜在机会；企业可以结合经营状况做出战略抉择，利用舆论关注，进行策略型生态创新，为自己提高声誉和赢得消费者市场（Ceptureanu et al.，2020）。因此，本章提出以下假设。

H5a：企业警觉性正向调节媒体监督与实质型生态创新之间的关系。

H5b：企业警觉性正向调节媒体监督与策略型生态创新之间的关系。

3. 企业警觉性对公众监督与生态创新的调节作用

在企业保持高警觉性的情况下，公众监督的反馈更可能得到重视，从而促进企业实施生态创新战略。高警觉性让企业足够重视来自包括公众在内的所有群体对于企业的反馈意见，企业能够识别反馈意见中的威胁，并相应地做出战略决策（Srivastava et al.，2021）。公众对企业的态度关乎企业口碑与市场，甚至最终影响政府决策，企业在长远考虑的情况下会更加愿意为应对公众监督而选择实质型生态创新。

同时，警觉性使企业能够发现外部环境中的机会，将外部信息与企业内部行动联系起来（Srivastava et al.，2021）。公众监督的过程中，相关反馈在决定新产品创意的商业可行性方面是有价值的（Ernst et al.，2011）。高警觉性会使企业综合考虑多方面情况，利用公众关注带来的机会，及时进行策略型生态创新，将公众监督转化为战略行动。因此，本章提出以下假设。

H6a：企业警觉性正向调节公众监督与实质型生态创新之间的关系。

H6b：企业警觉性正向调节公众监督与策略型生态创新之间的关系。

基于上述推导，本章的理论框架如图 4-1 所示。

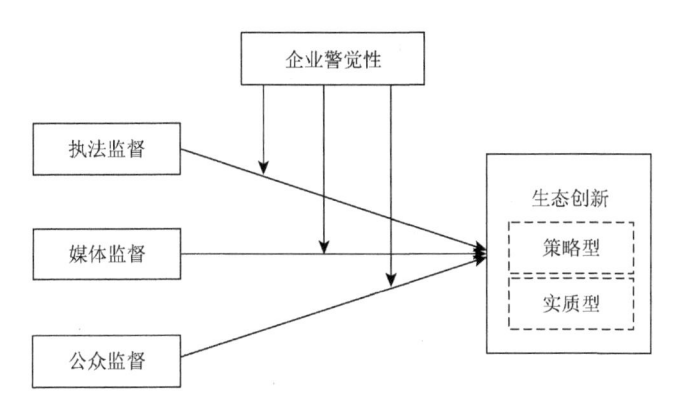

图 4-1　多重监督与企业生态创新的理论模型

4.3　方　　法

4.3.1　数据来源

为了探究三类监督、警觉性与企业生态创新之间的关系，本章选取制造行业的企业作为研究样本。制造行业的污染排放和能源消耗目前仍对中国生态环境造成重大威胁，此类行业也是我国政府、媒体、公众和环保组织重点关注的节能减排对象；同时，制造行业的企业相对于其他行业的企业而言，有更多的资源和能力进行生态创新。本书于 2022 年 11 月至 2023 年 1 月，采用邮件、面对面等方式共发放问卷 500 份，被调研对象为企业的中高层管理者。回收问卷 362 份，在删除无效问卷后，共得到有效问卷 344 份，问卷有效率为 68.80%。

在回收到的 344 份问卷中，企业员工数量在 249 人及以下、250~499 人、500~999 人和 1000 人及以上的分别占 17.15%、43.90%、24.42%和 14.53%。企业成立年限在 7 年及以下、8~15 年和 16 年及以上的分别占 7.00%、54.64%和 38.36%。国有企业占比 12.21%，高技术行业的企业占 43.31%。此外，99.71%的被调查者反映对企业的情况比较熟悉。

4.3.2　变量测量

（1）三类监督。借鉴 Khor 等（2016）、Liao（2018a）的研究，本章采用四项条款来测量执法监督。例如，环境法规存在会使企业面临因不合规而受到处罚的风险。媒体监督主要体现在新闻媒体对企业的报道中，因此对企业所受媒体监督的压力一般借助媒体报道对企业的评价或者媒体报道次数来测量（Fang and Peress，2009）。借鉴 Fiss 和 Zajac（2006）、Zyglidopoulos 等（2012）、Li 等（2023b）的做法，本章采用三项条款测量媒体监督。例如，在过去的一年中，企业的名字在媒体中出现的次数的多少。借鉴 Choi 和 Varian（2012）、Zheng 等（2012）的做法，本章采用三项条款测量公众监督。例如，公众有多种渠道向政府举报企业的污染行为。

（2）生态创新。借鉴 Liu 和 Dong（2022）、Jiang 和 Bai（2022）的研究，本章选取过去一年中企业申请的发明型绿色专利数量测量实质型生态创新，采用实用新型绿色专利数量测量策略型生态创新。为了降低极端值的影响，本章对两类专利数据加 1 后取自然对数。

（3）企业警觉性。参考 Mandal（2019）和 Li 等（2017b）的研究，本章采用三项条款测量企业的警觉性水平。例如，企业能察觉外部环境的突然变化。

（4）控制变量。参考 Berrone 等（2013）、Liao（2018b）的研究，本章选取企业规模、企业年龄、产权性质和行业类别作为控制变量。其中，企业员工数量在 249 人及以下、250~499 人、500~999 人和 1000 人及以上的分别赋值为 1、2、3 和 4。企业成立年限在 7 年及以下、8~15 年和 16 年及以上的分别赋值 1、2 和 3。国有企业赋值为 1，其他产权性质的企业赋值为 0；高技术行业的企业赋值为 1，其他行业的企业赋值为 0。

4.4 数据分析与实证结果

4.4.1 描述性统计

本章运用 SPSS 统计软件对各变量间的相关系数进行了计算，表 4-1 列出了各变量的均值、标准差和变量之间的相关系数。

从表 4-1 可以看出，执法监督、媒体监督和公众监督均与实质型生态创新和策略型生态创新显著正相关，并且相关系数介于 0.251 和 0.421 之间。因此，本章的主要变量之间并不存在严重的共线性问题。

4.4.2 回归分析

本章采用逐步回归的分析方法，检验三类监督对企业生态创新选择的影响作用，以及警觉性的调节作用，结果见表 4-2。

第4章 多重监督与企业生态创新：警觉性的调节作用

表 4-1 均值、标准差与变量的相关性

变量	均值	标准差	企业规模	企业年龄	产权性质	行业类别	执法监督	媒体监督	公众监督	警觉性	实质型生态创新	策略型生态创新
企业规模	2.36	0.931	1									
企业年龄	2.31	0.597	0.382**	1								
产权性质	0.12	0.328	0.150**	0.161**	1							
行业类别	0.43	0.496	0.226**	0.170**	0.014	1						
执法监督	4.324	0.375	0.067	0.098	−0.009	0.078	1					
媒体监督	3.880	0.578	0.212**	0.125*	0.063	0.183**	0.269**	1				
公众监督	4.229	0.524	0.094	0.130*	−0.084	0.149**	0.525**	0.251**	1			
警觉性	4.086	0.514	0.139**	0.204**	−0.015	0.174**	0.393**	0.356**	0.360**	1		
实质型生态创新	1.436	0.727	0.252**	0.242**	−0.052	0.155**	0.421**	0.315**	0.356**	0.317**	1	
策略型生态创新	1.344	0.722	0.189**	0.218**	−0.026	0.224**	0.324**	0.268**	0.251**	0.171**	0.766**	1

* $p<0.05$，** $p<0.01$。

表 4-2　三类监督对企业生态创新的影响和警觉性的调节作用

变量		实质型生态创新				策略型生态创新			
		模型 1	模型 2	模型 3	模型 4	模型 5	模型 6	模型 7	模型 8
控制变量	企业规模	0.182***	0.144***	0.143***	0.147***	0.098*	0.067	0.068	0.075
	企业年龄	0.176***	0.133***	0.125**	0.133**	0.162***	0.133**	0.141**	0.151***
	产权性质	−0.109**	−0.093**	−0.091*	−0.082*	−0.069	−0.063	−0.065	−0.057
	行业类别	0.086	0.032	0.027	0.022	0.176***	0.137***	0.141***	0.135***
自变量	执法监督		0.288***	0.273***	0.248***		0.234***	0.250***	0.211***
	媒体监督		0.160***	0.144***	0.154***		0.142***	0.157***	0.168***
	公众监督		0.121**	0.111**	0.111*		0.043	0.053	0.064
调节变量	警觉性			0.067	0.079			−0.066	−0.055
交互项	执法监督×警觉性				−0.076				−0.133**
	媒体监督×警觉性				0.103**				0.103**
	公众监督×警觉性				0.021				0.063
统计值	R^2	0.107	0.293	0.296	0.307	0.095	0.199	0.202	0.218
	调整后 R^2	0.097	0.278	0.279	0.284	0.084	0.182	0.183	0.192
	F 值	10.205***	19.868***	17.607***	13.369***	8.910***	11.908***	10.596***	8.406***

*$p<0.1$，**$p<0.05$，***$p<0.01$。

从表 4-2 中可以看出，模型 1 和模型 5 分别检验了控制变量（企业规模、企业年龄、产权性质和行业类别）对企业实质型生态创新和策略型生态创新的影响。回归分析结果表明，企业规模对企业实质型生态创新（$\beta=0.182$，$p<0.01$）和策略型生态创新（$\beta=0.098$，$p<0.1$）均有显著的正向影响；企业年龄同样正向影响实质型生态创新（$\beta=0.176$，$p<0.01$）和策略型生态创新（$\beta=0.162$，$p<0.01$）；企业的产权性质对实质型生态创新有显著的负向影响（$\beta=-0.109$，$p<0.05$），但对策略型生态创新无显著影响作用；企业所属行业类别对实质型生态创新没有显著影响作用，但正向影响策略型生态创新（$\beta=0.176$，$p<0.01$）。

模型 2 和模型 6 分别在模型 1 和模型 5 的基础上，增加了自变量（执法监督、媒体监督和公众监督），结果表明，执法监督对实质型生态创新（$\beta=0.288$，$p<0.01$）和策略型生态创新（$\beta=0.234$，$p<0.01$）都具有显著的正向影响作用，假设 H1a 和 H1b 成立，这意味着当企业面临较为严格的执法监督环境时，更有可能采取一定的生态创新战略来应对监督压力。同样地，媒体监督对实质型生

态创新（$\beta = 0.160$，$p<0.01$）和策略型生态创新（$\beta = 0.142$，$p<0.01$）都具有显著的正向影响作用，这表明高压的媒体监督可以促使企业采取不同类型的生态创新行为，因此假设 H2a 和 H2b 成立。公众监督对实质型生态创新具有显著的正向影响作用（$\beta = 0.121$，$p<0.05$），这意味着高强度的公众监督会促进企业采取实质型的生态创新行为，假设 H3a 成立，但公众监督对策略型生态创新的影响并不显著，假设 H3b 不成立。

模型 3 和模型 7 表明，企业警觉性对实质型生态创新和策略型生态创新都不具有显著的影响作用。加入多重监督与企业警觉性的交互项后，模型 4 的结果表明，企业警觉性在媒体监督与实质型生态创新之间具有正向调节作用（$\beta = 0.103$，$p<0.05$），支持假设 H5a；但是，在执法监督与实质型生态创新（$\beta = -0.076$，$p>0.1$）、公众监督与实质型生态创新（$\beta = 0.021$，$p>0.1$）之间不具有调节作用，假设 H4a 和 H6a 不成立。模型 8 显示，企业警觉性在执法监督与策略型生态创新之间的关系中起负向调节作用（$\beta = -0.133$，$p<0.05$），在媒体监督与策略型生态创新之间起正向调节作用（$\beta = 0.103$，$p<0.05$），但警觉性在公众监督与策略型生态创新之间不具有调节作用（$\beta = 0.063$，$p>0.1$），因此，模型 8 仅支持假设 H5b，假设 H4b 和 H6b 不成立。

4.5 结论和讨论

4.5.1 结论

本章根据制度理论、利益相关者理论、特质理论等，以 344 家制造业的企业为样本，深入探究了多重监督（执法监督、媒体监督、公众监督）对企业生态创新的影响以及企业警觉性的调节作用，得出以下几个结论。

首先，执法监督有利于推动企业进行实质型生态创新和策略型生态创新。各国政府近年来不仅在态度上越来越重视生态环境问题，执法监督的手段也逐渐灵活多样，且相应地加大了违规惩治力度。为了生存与发展，企业会尽力采取措施减少污染物排放并提高资源利用率。同时，来自政府的执法监督往往长期稳定持续，因此企业需采取实质型生态创新以应对执法监督带来的压力。同时，可能是由于生态创新本身是一项高投入和高风险的活动，对于部分资金周转不灵活、风险承受能力差和更注重短期效益的企业而言，为了避免企业形象和利益的进一步恶化（Zhang et al.，2021），会更倾向于选择策略型生态创新来应对执法监督。

其次，媒体监督正向促进企业实施实质型生态创新和策略型生态创新。其一，受到媒体监督的企业开展生态创新，以期通过媒体向政府执法部门传达遵从法规的信号，从而获取政策支持和优惠。其二，在媒体监督的影响下，有一定生态创新能力的企业采取实质行动，能够有效地向消费者、投资者等其他利益相关者传递信息（Fang and Peress，2009），抵御负面报道的影响，树立正面形象。企业快速地实施策略型生态创新，也可以以较低的成本为自身树立正面形象。

再次，公众监督正向影响实质型生态创新，对策略型生态创新无显著影响。一方面，公众可能具备消费者、投资者等多重身份（Horbach et al.，2013），与企业利益密切相关，能够直接给企业带来销售、股价等方面的经济压力。另一方面，公众的声音和需求也被政府和社会媒体所重视，因而公众能够通过舆论媒体报道、向政府投诉等方式间接地给企业带来压力。因此，公众监督能够促使企业进行实质型生态创新。但是，研究结果表明，公众监督对策略型生态创新无显著影响。本章认为可能有以下原因：一是公众监督作为公众维护环境利益的一种手段，存在信息不对称性，无法全面获取有效的企业违规信息；或是渠道有限，监督行为未能给企业带来声誉影响压力或经济损失压力；二是公众监督往往存在于企业地理位置附近，能够长期持久地关注企业生态创新成效，因此企业无法通过策略型生态创新应对此类压力，而是必须采取实质型生态创新战略。

最后，企业警觉性能正向调节媒体监督与两类生态创新之间的关系。在企业接受媒体监督的过程中，警觉性能够帮助企业从广泛和丰富的媒体信息资讯中及时提取重要信息，敏锐地发现其中的风险与机遇，相应地采取实质型生态创新和策略型生态创新来配合媒体监督（Tang et al.，2023），从而让企业最大限度地获得媒体监督的正面利好效果。

4.5.2　管理启示

本章得出的结论具有以下几点管理启示。

（1）政府需要利用好政策规章、市场机制和信息手段，加大对环境监测设备、资金和人员的投入，建立健全环境执法监督体系，规范标准，奖惩得当，激励企业加大研究和开发投入，促使企业主动实施生态创新，积极参与环境管理，从而减少污染。

（2）企业不应对抗或忽视环境执法监督、舆论媒体的监督以及公众的合理环境诉求。相反，企业在接受多重监督的基础上，应有足够的警觉性，以便能够预测外部环境中政府监管机构和其他利益相关者环境的变化。

（3）企业应该能够确定在什么情况下需要采用什么样的生态创新战略。在可持续发展的大趋势下，政府、媒体舆论和公众将会越来越关注企业的环境行为，企业需要做好充足的准备，及时转变发展方式，主动提高生态创新水平，树立具有高度社会责任感的企业形象，塑造核心竞争力，实现长远发展。

4.5.3 研究不足和未来展望

本章分析了多重监督、警觉性和企业生态创新三者之间的关系，在取得进展的同时，还存在着以下不足之处。

（1）本章采用专利来衡量企业的生态创新水平，但是并非所有企业会在观察期内进行生态创新专利申请，因此，采用专利测量企业的生态创新水平会存在一定的偏差。未来的研究可以采取更全面的方式测量企业的生态创新水平。

（2）在探究多重监督对企业生态创新的影响时，本章仅选择了警觉性作为调节变量。未来的研究需要进一步引入其他变量，进一步剖析执法、媒体、公众监督影响企业生态创新行为的内在机制。

（3）本章仅选择了制造行业的企业作为研究样本，样本量有限。未来的研究需要进一步将其他行业的企业纳入研究样本，并比较不同行业因素对研究结论的影响。

4.6 本章小结

本章选取 344 家制造行业的企业作为研究样本，检验了三类监督对企业两类生态创新行为的影响作用以及警觉性的调节作用。结果发现：执法监督和媒体监督对企业的实质型生态创新和策略型生态创新均具有正向促进作用，而公众监督仅对企业的实质型生态创新具有正向促进作用。此外，媒体监督对企业实质型生态创新和策略型生态创新的影响受到企业警觉性的正向调节。

（本章执笔人：廖中举，翁晨，陈杰等）

第 5 章 政府规制、非政府因素与企业生态创新：基于计划行为理论的视角

基于计划行为理论，本章从政府规制、非政府因素等视角，构建企业生态创新的驱动因素模型。以 116 家企业的年报作为研究样本，运用扎根理论的研究方法对其进行分析。

5.1 引　　言

自 20 世纪 90 年代开始，学者对如何驱动生态创新展开了大量的研究，并建立起了生态创新决定因素的概念框架。例如，Horbach（2008）通过对德国企业的调查，将生态创新的决定因素分为三类，包括以企业为主导的供给侧因素、以消费者为主导的需求侧因素以及以政府为主导的政策因素；Zubeltzu-Jaka 等（2018）通过对 2006～2017 年发表的实证文章进行元分析，将生态创新的决定因素扩充为四大类：市场因素、技术因素、监管因素以及企业特定特征因素。

但是，主流学术文献以制度理论（Leyva-de la Hiz et al.，2019；Yu et al.，2019）、利益相关者理论（Zhang and Zhu，2019）、资源基础观（Aboelmaged and Hashem，2019；Demirel and Kesidou，2019）、高阶理论（Liao et al.，2019a，2019b）等为主导，试图解释环境政策、消费者需求等因素对企业生态创新的影响作用，但忽略了企业的内在特质和动机因素。计划行为理论是从信息加工角度和以期望-价值理论为基础解释行为产生过程的理论，是社会心理学中著名的态度行为关系理论，关注态度、主观规范、感知行为控制对行为意愿以及实际行为的影响（Ajzen，1991，2011），能够解释行为产生的特定政策因素、压力因素、经济因素等，以及行为背后的主观心理因素（Ajzen，2011；王季等，2020）。

鉴于此，本章将基于计划行为理论，构建企业生态创新决定因素的概念框架，揭示企业生态创新行为产生的内在机制。本章有三个方面的贡献：第一，本章从计划行为理论的视角，分析企业生态创新行为的决定因素，有利于解决制度理论、利益相关者理论等对企业生态创新决策解释力度不足的问题；第二，本章通过计划行为理论，将影响生态创新的因素纳入一个研究框架中，揭示了各个因素对生态创新影响的作用路径，也有利于弥补以往研究成果相对分散的不足；第三，本

章选取代表企业经营实践的年报作为文本资料，构建企业生态创新行为的形成机制，有利于计划行为理论在企业层面的应用，对企业生态创新实践具有现实指导意义。

5.2 数据选择和收集

以往的研究多采用半结构化访谈和案例研究的方法进行扎根探索，但是样本的选择具有一定的偶然性和局限性。为了使样本具有客观代表性并能够涵盖企业较为全面的信息，本章选取重污染行业的企业年报作为研究样本。其中，聚焦6大细分行业，分别选取2019年市值在行业排名前20的企业为研究样本，剔除有退市风险等财务状况异常的样本1个以及没有公布2019年年报的样本3个，共得到有效样本116个。其中，企业规模为5000人及以下的占35.34%，5001~15 000人的占32.76%，15 000人以上的占31.90%；企业成立年限在20年及以下的占33.62%，21~25年的占50.86%，25年以上的占15.52%。样本特征信息如表5-1所示。

表5-1 样本特征信息

特征	分类指标	数量	比例/%
规模	≤5 000人	41	35.34
	5 001~15 000人	38	32.76
	>15 001人	37	31.90
年龄	≤20年	39	33.62
	21~25年	59	50.86
	>25年	18	15.52
行业类型	钢铁行业	20	17.24
	煤炭行业	20	17.24
	化工行业	19	16.38
	石油行业	17	14.66
	建材行业	20	17.24
	造纸行业	20	17.24
地区分布	东北地区	6	5.17
	中部地区	27	23.28
	东部地区	71	61.21
	西部地区	12	10.34

5.3 数据分析与实证结果

在获得数据后，本章选取应用最广泛的程序化扎根理论（Strauss，1987），构建企业生态创新行为的形成机制。

5.3.1 开放性编码

开放性编码是将原始资料不断打碎和重组，从而挖掘概念、提炼范畴的过程（Patton，1990）。通过对 116 家企业的年报进行开放性编码，剔除重复率低、不具有代表性的概念，共得到 201 个有效概念和 11 个范畴，下面列举一个范畴，如表 5-2 所示。

表 5-2 开放性编码示例

开放性编码		原始资料
范畴	概念化	
A8 物质资源： a2 区位优势 a12 完成 ISO 认证 a25 推行智能化 a31 研发实验室 a35 拥有核心材料 a43 设备优势 a60 技术优势	a1 需求放缓	2019 年，国内需求表观总量为 225 万吨，同比下降 5.2%，其中工业硅出口量预估在 70 万吨，同比下滑 14.1%；国内下游需求总量为 155 万吨，同比下降 0.6%
	a2 区位优势	区域内煤炭资源非常丰富，产业链原料供给充足、便利；区域及周边公路交通网络完善
	a3 环保限产	环保部门对化工企业的安全检查和环保督察更加频繁，部分化工企业甚至出现了"停产限产"的现象
	a4 产能过剩	从行业形势来看，全国水泥行业面临严重产能过剩的局面仍未改变，推进供给侧结构性改革和转型升级仍任重道远
	a5 环境治理费	公司每年加大环保投入，各分子公司按时根据当地政府核准缴纳环境保护税，2019 年公司全年环保投入 293 413 021.9 元
	a6 建设排污体系	柳钢股份投资 1.2 亿元建设了三座工业废水集中处理站，对外排工业废水进行处理
	a7 环境信息披露	公司严格按照政策文件的要求，制定了企业环境自行监测方案，并在浙江省企业自行监测信息公开平台上进行公开
	a8 树立绿色发展理念	公司坚持走"创新、协调、绿色、开放、共享"的发展之路
	a9 公众环保意识增强	社会民众环保意识的增强，对企业环保要求提出了更高的标准
	a10 行业转型速度加快	提出造纸行业需增强创新能力，提升技术水平

资料来源：重污染行业的企业的年报。

5.3.2 主轴性编码

主轴性编码的主要任务是厘清初始范畴之间的逻辑关系（Strauss and Corbin，1990）。本章的目的在于运用计划行为理论构建企业生态创新行为的形成机制，因此在计划行为理论的框架基础上，将开放性编码提取的 11 个范畴作为副范畴按照条件—过程—结果模型进行分析与归类，最终归纳为 6 大主范畴。归纳结果及其内在联系如表 5-3 所示。

表 5-3 由主轴性编码形成的主范畴及其内在联系

主范畴	副范畴	主、副范畴内在联系
B1 预期收益	A1 开拓市场	主要指企业通过增加市场份额来增加收益
	A2 成本节约	主要指企业通过减少环境保护费用的投入以及生产成本的控制等方式实现成本节约，增加收益
B2 自我规范	A3 绿色企业文化	企业通过绿色企业文化形成自我道德约束
B3 示范性规范	A4 行业竞争	竞争对手对新产品的开发和生产流程的改变对企业形成示范作用
	A5 产业环保趋势	产业环保趋势激发企业采取生态创新行为，以符合产业发展趋势
B4 指令性规范	A6 政府规制	政府通过税收优惠、环境法规等措施对企业提出生态创新的期望和要求
	A7 消费者绿色需求	消费者作为企业的重要利益相关者，其绿色消费意愿形成企业的期望压力
B5 内部资源优势	A8 物质资源	区位优势、技术优势等物质资源有助于提高企业进行生态创新的内部控制信念
	A9 人力资源	企业员工素质、研发团队等人力资源增加企业生态创新行为的意愿和可能性
	A10 财务资源	财务资源指企业的利润水平、技术研发方面的资金投入等，为生态创新提供资金支持
B6 外部优势	A11 社会网络关系	社会网络关系作为一种外部优势提高企业对生态创新的控制力

其中，将 A1 开拓市场、A2 成本节约联结为 B1 预期收益；将 A3 绿色企业文化联结为 B2 自我规范；将 A4 行业竞争和 A5 产业环保趋势联结为 B3 示范性规范；将 A6 政府规制和 A7 消费者绿色需求联结为 B4 指令性规范；将 A8 物质资源、A9 人力资源和 A10 财务资源联结为 B5 内部资源优势；将 A11 社会网络关系联结为 B6 外部优势。

5.3.3 选择性编码

选择性编码是发展出系统的理论框架的过程（Strauss and Corbin，1990）。通过对原始资料的反复思考以及对主范畴的深入分析，最终本章串起以下故事线：首先，预期收益反映了企业对生态创新的行为态度，企业通过扩大市场占有率以及节约生产过程中的各项成本从而获得预期收益。在利润最大化目标的驱使下，企业将进行生态创新。其次，自我规范、示范性规范和指令性规范共同形成主观规范，是企业从事生态创新行为的社会压力。最后，内部资源优势和外部优势代表企业的感知行为控制，企业内部的物质资源、人力资源、财务资源等构成企业的内部资源优势，提高企业从事生态创新的信心，外部优势提高企业的外部信念，激发企业的生态创新行为。主范畴典型关系结构及其内涵如表 5-4 所示；最终形成的理论模型如图 5-1 所示。

表 5-4 主范畴典型关系结构及其内涵

典型关系结构	关系结构内涵
企业生态创新	企业生态创新是指通过改进生产流程和研发新的环保产品等方式减少对环境负面影响的创新（Ortega-Lapiedra et al.，2019）
预期收益→生态创新	预期收益代表了企业对生态创新行为结果的积极评价，是企业采取生态创新行为的首要推动力（Esty and Winston，2006）
自我规范→生态创新	自我规范是企业社会责任感的体现，自我约束作用促使企业在生产和销售等各个环节中自觉减少对环境的负面影响
示范性规范→生态创新	示范性规范是竞争对手、行业趋势等的示范作用，诱发企业进行效仿，进而采取生态创新行为
指令性规范→生态创新	指令性规范是企业的重要利益相关者通过软性和硬性约束对企业采取生态创新行为施加的期望压力，是企业采取生态创新行为的重要动因
内部资源优势→生态创新	内部资源优势是企业内部的创新优势，提高企业进行生态创新的内控信念
外部优势→生态创新	外部优势是企业拥有的外部创新优势和资源，代表企业的外部控制信念

5.3.4 理论饱和度检验

理论饱和度是指即使再加入其他的数据进行研究也不再有范畴的新特征出现的时刻（Strauss and Corbin，1990）。为了检验研究结果的理论饱和度，本章对现有的 116 个样本进行随机分层抽样，在每个行业中随机抽取三个样本进行再次编码。结果表明，上述研究结果具有理论饱和度。

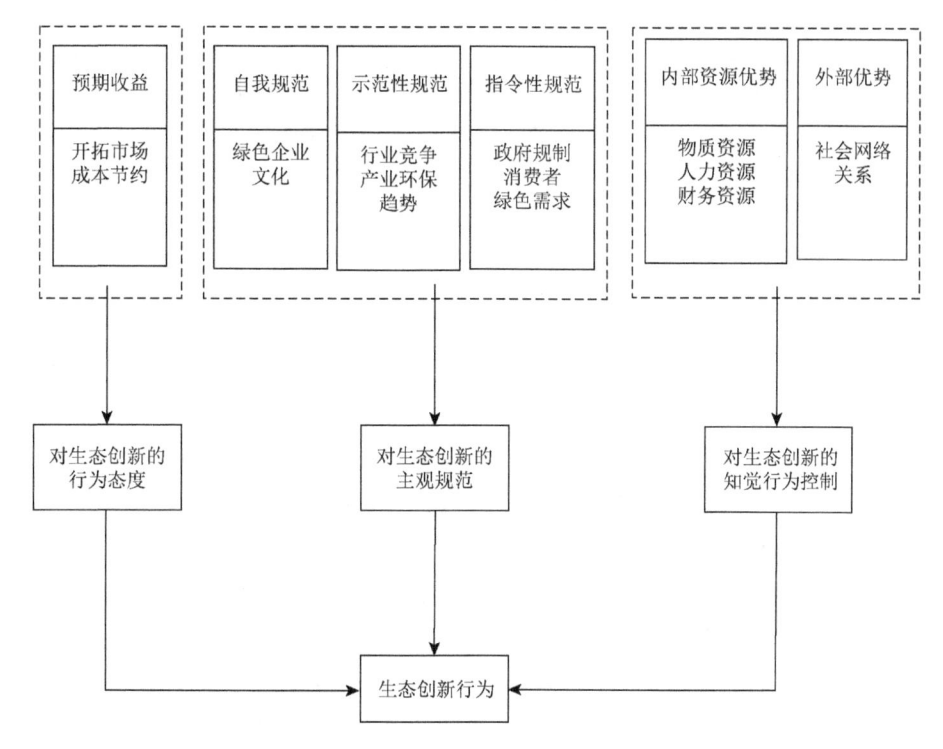

图 5-1 基于计划行为理论的企业生态创新模型

5.4 结论和讨论

本章选取沪深市场上发行 A 股的钢铁、煤炭、化工、石油、建材以及造纸行业的 116 家企业为研究对象，遵循扎根理论的研究范式，通过逐层编码得到 6 个主要范畴和 11 个次要范畴，在计划行为理论的基础上，构建了政府规制、非政府因素等构成的企业生态创新行为的驱动因素模型。

5.4.1 研究结论

1. 行为态度与生态创新

在利润最大化目标的驱使下，预期收益是企业实施生态创新行为的最大推动力（Esty and Winston，2006）。实施生态创新能够使企业开发出绿色环保产品，体现出更高的社会责任意识，在保留原有顾客的同时吸引新的具有绿色消费意愿的消费者（Cai and Li，2018），从而扩大市场份额，提高市场占有率；另外，企业开发出的绿色环保产品与市场上的现有产品相比表现出差异化特征，体现出了产品的升级，有利于企业建立竞争优势，提高市场占有率。通过改进生产流程，能够减少生产过程中的能源消耗和浪费（Chen et al.，2017），提高生产效率和资源利用率，减少生产过程中的成本投入。此外，采用更加环保的生产模式能够减少污染物的产生，进而可以减少污染物的处理费用以及因污染物超标而引起的罚款等环保投入（Kong et al.，2016），达到节约成本的目的，间接提高企业的收益。因此，由开拓市场和成本节约形成的预期收益代表了企业对生态创新行为的正向心理倾向，促进企业的生态创新行为。

2. 主观规范与生态创新

主观规范指主体在决定从事某行为时感知到的期待或社会压力（Ajzen，1991）。Cialdini 等（1991）将主观规范划分为三个维度，即自我规范、示范性规范和指令性规范。自我规范在某些与道德有关的行为中具有较高的解释力（Harrison，1995）。企业的绿色文化作为企业的经营理念与价值观的体现，在企业内部形成自我约束和自我规范，促使企业自觉实施生态创新行为。行业产能过剩促使行业内的竞争加剧，在竞争压力的驱使下，企业采取生态创新措施来开发新的产品以形成差异化竞争优势（Cai and Li，2018）。另外，生态创新使企业树立绿色形象（Zhang and Zhu，2019），形成良好的声誉效应从而降低企业的竞争压力。此外，产业的环保趋势对企业提出转型压力，要求企业以更加环保的方式经营。来自竞争对手的压力和产业环保趋势的压力构成了企业的示范性规范，提高了企业进行生态创新的动机。指令性规范指重要他人对主体实施某一行为的期望（Cialdini et al.，1991）。企业的指令性规范来源于两方面，即政府规制和消费者绿色需求。政府以强制性法规、税收优惠、绿色信贷等方式强制或激励企业进行生态创新，对其提出生态创新的期望要求；作为企业重要利益相关者的消费者的消费观念发生变化，其绿色消费意愿更加强烈（Zhang and Zhu，2019），常常将产品的绿色特征视为一种附加价值（Tsai and Liao，2017）。消费者绿色需求对企业提出了生态创新的期望，从而对企业行为形成了一种软性约束。

3. 知觉行为控制与生态创新

知觉行为控制指主体在决定实施某一行为时对其难易程度的感知（Ajzen，2002），一般从内部和外部两个维度加以考虑。Barney（1991）将企业资源划分为四类，即物质资源、人力资源、组织资源以及财务资源。通过对企业年报进行编码，本章根据 Barney（1991）的分类将企业内部资源划分为物质资源、人力资源和财务资源，物质资源由区位优势、技术优势以及设备优势等构成，人力资源由研发团队、培训队伍以及管理人员等构成，财务资源由企业的利润水平以及研发投入等构成。根据资源基础理论，企业内部资源优势可以帮助企业建立竞争优势，可以提高企业实施生态创新的信心以及控制力，从而可以提高企业实施生态创新的可能性；外部优势由社会网络关系构成，主要包括与大学、研究机构等的合作（Barney，1991）。企业的社会网络关系可以使企业获得更多的外部信息和技术支持（Ghisetti et al.，2015），提高企业生态创新的外部信念和控制力。

5.4.2 管理启示

本章对企业生态创新驱动因素的研究具有一定的实践意义，可以从以下四方面激发企业的生态创新行为。

（1）从企业角度来看，企业是营利性主体，企业的预期收益是影响企业生态创新行为的主要因素之一，因而应该提升企业对生态创新长远利益的认识，强化企业的生态创新动机。

（2）政府应该为企业实施生态创新行为创造良好的政策环境，采取多元化的政策组合积极引导重污染行业实现产业转型升级。例如，制定更加严格的排污标准和技术标准，淘汰落后产能，优化产业环境；采用环境补贴、税收减免以及押金返还等方式激发企业进行生态创新的动机；通过信息披露、自愿协议以及政策倡导等方式引导企业树立绿色发展理念。

（3）政府和企业应结合行业环境的具体情况，引导消费者实现消费观念的转变，倡导绿色消费，将生态创新转化为产品的附加价值，积极推动消费者的绿色需求。以消费者的绿色需求作为一种软推力，推动企业实施生态创新。

（4）企业内部通过对既有资源的充分识别和组合利用，提升生态创新的自我效能感，进而提高企业采取生态创新行为的可能性。

5.4.3 研究不足和未来展望

本章在取得研究进展的同时也存在一些不足。例如，考虑到重污染行业面临的环保压力更大，生态创新的需求更高，因此本章选取了6个重污染行业为研究样本，后期可以在拓展行业类型的基础上进行再次研究。此外，本章仅就116家企业发布的2019年企业年报作为文本内容进行研究，研究资料受到年限的限制，研究样本偏少，未来的研究可以结合实地调查和深度访谈，从多渠道收集数据，提高资料的代表性。

5.5 本章小结

本章运用扎根理论的研究方法，基于计划行为理论，识别了由政府规制、非政府因素等构成的企业生态创新的驱动因素。研究发现：企业生态创新行为主要受到行为态度、主观规范以及知觉行为控制的驱动；行为态度包括由开拓市场和成本节约构成的预期收益；主观规范包括体现绿色企业文化的自我规范、行业竞争和产业环保趋势形成的示范性规范，以及政府规制和消费者绿色需求形成的指令性规范；知觉行为控制包括由物质资源、人力资源和财务资源构成的企业内部资源优势以及社会网络关系构成的外部优势。

(本章执笔人：廖中举，刘燕)

第 6 章　正式制度、市场、企业内部因素与企业生态创新：构型的视角

企业生态创新行为是多层面因素相互依赖与共同作用产生的结果，且前因条件是多重并发的。基于构型的视角，综合制度理论、利益相关者理论和战略管理理论，本章将正式制度、市场和企业内部因素组合，探究驱动企业生态创新的路径。

6.1　引　　言

随着环境问题的凸显，生态创新对于缓解环境压力、促进经济社会可持续发展变得至关重要（Aldieri et al.，2020）。它不仅是"欧洲 2020 发展战略"的基石，也是发展中国家可持续发展与绿色经济建设的重要引擎（Kryk and Guzowska，2021）。但是，由于创新者难以全部获取生态创新的收益，企业层面的生态创新缺乏动力（Rennings，2000；Rennings and Rammer，2011；Chakraborty and Chatterjee，2017；Aldieri et al.，2019）。

目前，国内外大量学者都致力于从多个视角挖掘企业生态创新的驱动因素，例如，环境规制（Noppers et al.，2014）、利益相关者压力（Yalabik and Fairchild，2011）、资源（Buysse and Verbeke，2003；Mothe and Nguyen-Thi，2017）、管理者个人偏好（Cordano and Frieze，2000）等。虽然以往学者取得了一定的进展，但是还存在两个方面的不足：其一，以往的研究侧重于从单一因素的视角，检验生态创新的驱动因素，然而，鲜有研究考察不同的因素组合是否以及如何影响生态创新，企业所处的内外部环境非常复杂，企业进行生态创新并非单一的决定要素可以解释的；其二，在研究方法方面，以往的研究侧重于采用问卷研究（Horbach et al.，2012）、案例研究（Fernández et al.，2021）等方法，将构型方法引入企业生态创新驱动因素的研究偏少。生态创新的研究领域正在逐渐扩大，研究也变得越来越有价值，迫切需要从不同视角对企业生态创新的生成机制和关键条件进行研究和进行更多的分析（Hojnik and Ruzzier，2016；Cai and Li，2018）。

由于不同因素对企业生态创新的影响并不独立，它们之间会通过联动匹配产生不同组合影响生态创新（Arranz et al.，2021）。因此，本章将运用模糊集定性比

较分析方法，通过研究正式制度、市场和企业内部三方面因素对生态创新的影响，识别出企业生态创新绩效提升的驱动路径。具体而言，本章将试图解决两个问题：第一，推动企业生态创新，存在哪些条件组态；第二，哪些条件对于促进企业生态创新更为重要。本章有助于拓宽生态创新相关研究的视角，并加深对生态创新驱动路径与作用机理的理解。

6.2 文献回顾与模型构建

根据系统论，一个企业的生态创新活动除了受本身意愿与能力的影响，也会受到更大层次因素的影响，尤其是制度环境和市场环境（Hojnik and Ruzzier，2016）。以往研究也已证实了制度、市场和企业内部三个层面的因素对企业生态创新具有积极影响（Horbach，2008）。其中，Liddle 和 El-Kafafi（2010）在整合相关观点的基础上，提出三个层面的因素都是不可缺少的，任何一个层面因素的缺失都可能导致企业生态创新的驱动力不足；另外，三个层面的因素是否平等地在所有环境中产生积极影响也存在一定的争议（Arranz et al.，2021）。因此，本章遵循创新系统论的研究架构，从制度环境、市场环境及企业内部特征三个层面构建企业生态创新的影响因素框架。

6.2.1 影响企业生态创新的制度因素

制度理论强调外部环境对企业行为的影响（DiMaggio and Powell，1983）。生态创新是企业应对环境规制压力的一种方式（Berrone et al.，2013）。同时，由于生态创新往往在短期内难以取得回报，因而，制度理论在一定程度上解释了企业在短期得不偿失情形下仍选择生态创新的原因（Berrone et al.，2013）。

1. 环境规制

环境规制是环境政策的重要内容，环境规制以严格的立法、环保标准对企业提出要求，推动企业开发、应用、传播环境友好型技术和产品（Jaffe and Palmer，1997；Wang and Shen，2016），有助于解决经济活动引起的环境负外部性问题。Porter 和 van der Linde（1995）认为恰当的政府规制会激励企业生态创新行为，能带来生态收益及一系列竞争优势，从而提高企业竞争力；后来的研究者 Popp（2006）基于不同国家的专利数据进行研究，也提出了生态创新决策主要是由国家的环境规制决策驱动的；del Río González（2005）以西班牙的造纸行业为研究对象，结果也发现环境规制是企业采用清洁环保技术的主要驱动因素。此外，Nelson

等（1993）、Popp（2006）、Horbach（2008）的实证研究表明，环境规制强度越大，其对生态创新产生的驱动效果越大。

2. 环保补助

除了环境规制，环保补助也是环境政策的重要组成部分。环保补助为开展生态创新的企业提供资金支持，既有财政拨款、技术拨款、专项拨款等直接补助，也有税收减免或其他减免等间接的激励政策（Liu et al., 2020）。与约束性制度相比，激励制度有助于缓解企业的资金约束，弥补生态创新的溢出效应，能够提供更为柔性的经济激励，因而对生态创新更为有效（Jaffe et al., 2004；Nahuelhual et al., 2013）。例如，李园园等（2019）研究发现，政府奖励、补贴等激励对高污染企业的污染防治具有显著的正向影响；白俊红（2011）、Meng 等（2021）研究发现，环保补助对企业的生态创新具有正向促进作用。

6.2.2　影响企业生态创新的市场因素

利益相关者理论认为企业的经营活动会对其利益相关者产生影响，而利益相关者也会影响企业的战略行为选择，该理论同样也适用于企业生态创新战略的实施方面（Freeman, 1994）。只有满足利益相关者的环保需求，企业才能够增强其在激烈的竞争环境中求得生存和发展的能力（李园园等，2019）。由此，企业的生态创新行为可以看作多方利益相关者共同作用的结果。

1. 竞争压力

行业的竞争者是企业重要的利益相关者，他会影响企业的生态创新行为；企业的竞争压力主要来源于竞争对手对新材料、技术和设备的开发（Li et al., 2021）。李园园等（2019）也提出竞争是企业的环保导向的重要来源。在竞争过程中，大部分企业会趋向于效仿其网络中其他领先成员，Gnyawali 和 Park（2011）研究表明，竞争压力有助于激励企业创新，加快新产品开发。企业开发绿色产品或采用绿色管理工艺，将更可能在激烈的市场竞争中获得竞争优势（Cai and Li, 2018）。因此，竞争企业环保导向所带来的模仿压力将促使企业进行生态创新（Li et al., 2021）。

2. 顾客需求

生态产品能否被市场接受是企业经营目标能否实现最直接的衡量因素，因此，顾客需求是企业进行生态创新的动力源泉（Chu et al., 2019）。顾客对绿色产品的需求是一种重要的规范压力，满足顾客对新产品的需求和期望是企业进行生态创新的关键动力（Horbach，2008）。以往的研究也表明，顾客需求与企业生态创新行为显著正相关（Kesidou and Demirel，2012；Chen et al.，2012；彭雪蓉和黄学，2013）。

6.2.3　影响企业生态创新的内部资源

基于战略管理理论的相关研究侧重于关注影响生态创新的企业内部因素，如资源冗余、研发投入等（Munodawafa and Johl，2019）。其中，企业内部资源是其进行生态创新的基础（Daft，1982）。

1. 研发投入

企业若要转向更高水平的主动型环境行为，需要与之匹配的资源（Buysse and Verbeke，2003），尤其是充足的研发投入（Huang and Wang，2020）。资源基础观认为，资源本身并不能给企业带来经济利益，企业资源的价值转换需要通过企业资源和能力的整合来实现（Cai and Zhou，2014）。Añón-Higón 等（2015）认为，研发投入能够通过技术进步显著提升生态创新效率和促进经济增长。Gabler 等（2015）在将研发投入进行划分的基础上，发现研发投入能够有效促进企业生态创新。

2. 资源冗余

资源冗余可以被定义为一种过量的、可以被随意使用的资源，以缓冲组织内外环境的变化（Bourgeois，1981）。环境的变化要求企业能够及时地调整其资源结构及其配置模式（Nohria and Gulati，1997；Singh，1986）。若企业具有充足甚至冗余的财务资源，则能够在需要时有效转化为即时资源，缓解企业在实施生态创新战略过程中面临的风险和压力，进而促进生态创新（George，2005）。Fernando 等（2019）、Zubeltzu-Jaka 等（2018）、Bossle 等（2016）、Neto 等（2014）研究表明，企业内部资源冗余是影响企业生态创新的关键因素。

6.2.4　三个层面的因素与企业生态创新

综上，环境规制、环保补助、竞争压力、顾客需求、资源冗余和研发投入这六个要素均为影响企业生态创新的重要因素，但各要素与生态创新之间并不仅仅是简单的线性关系。以往研究多使用传统的回归分析方法解释聚焦的关键变量对企业生态创新的显著"净效应"（Cai and Zhou，2014），无法有效揭示不同变量之间的互动关系（Fiss，2011）。鉴于此，本章采用定性比较分析（qualitative comparative analysis，QCA）方法，探索环境规制、环保补助、竞争压力、顾客需求、资源冗余和研发投入对企业生态创新的联合效应。本章的模型如图 6-1 所示。

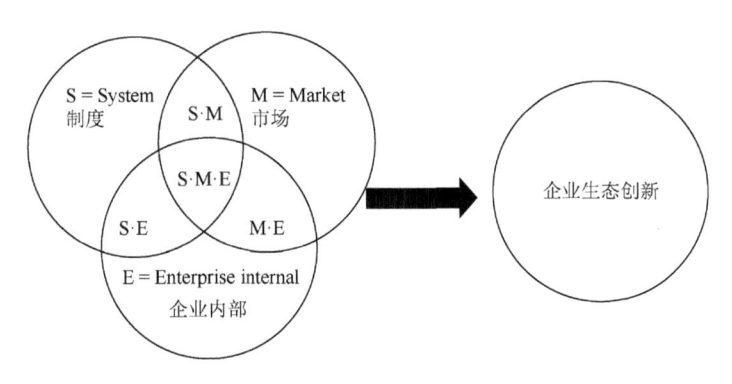

图 6-1 三个层面驱动因素与企业生态创新

6.3 方　　法

企业生态创新驱动因素的研究是一个典型的复杂性理论问题，本章使用定性比较分析法来检验制度、市场和企业内部三个层面的因素如何相互作用并共同影响企业的生态创新行为。具体来说，本章使用模糊集定性比较分析（fuzzy-set qualitative comparative analysis，fsQCA）方法进行生态创新研究，fsQCA 是 QCA 研究方法的一种，主要关注是否存在特定的因果组合（Rihoux and Ragin, 2009; Woodside et al., 2013）。

6.3.1 数据来源

本章数据主要来源于上海证券交易所、深圳证券交易所以及中国经济金融研究（China Stock Market & Accounting Research，CSMAR）数据库。其中，环境规制、环保补助、竞争压力、顾客需求、资源冗余、研发投入均采用 2018 年的数据，考虑到创新的滞后性，生态创新采用 2019 年的数据。为了保证研究样本具有代表性，参考 Hu 等（2021c）的做法，本章主要选择电力、钢铁、建筑、煤炭、化工、化纤及其他共 13 个行业的上市公司作为研究样本。

为了进一步确保研究样本的有效性和可靠性，本章通过如下几个筛选标准来确定初始研究样本：2010 年以前上市的公司；剔除有退市风险的上市公司；剔除资产负债率大于 1 的上市公司；除去无法获得相关数据或数据缺损的上市公司。综上，进入 QCA 的案例共有 123 个。

6.3.2 测量和校准

1. 生态创新

以往学者的研究中，生态创新的测量主要采用绿色研发投入（Dechezleprêtre et al., 2011）、绿色专利数（Wu et al., 2015）、生态创新产品产值（Peng et al., 2021）以及资源效率和生产率的变化等指标（Lewandowska, 2016）。由于专利是技术成果产出的重要表现形式，相比研发投入、新产品产值等，专利数据也相对容易获得（Wu et al., 2015），所以本章选取绿色发明专利数量来测量企业生态创新的水平。

2. 制度层面

（1）环境规制。借助 Gao 等（2021）的做法，本章以被调查企业所在城市的污染信息透明度指数来测量企业的环境规制水平。污染信息透明度指数得分越高，意味着政府对污染源的监督程度就越高，企业生态创新行为受到的环境规制程度也就越高（Tu et al., 2019）。

（2）环保补助。本章从样本公司发布的年度报告数据中搜集环保补助的数据。筛选的标准是与企业环境治理、节能减排项目、绿色技术研发等相关的项目补助金、奖励金及税收补助（Liu et al., 2020）。采用企业获得的关于环保项目的资金总额占企业总资产的比重来衡量环保补助。

3. 市场层面

（1）竞争压力。竞争者的环保导向和期望影响企业对环保压力的感知，从而促使企业关心自身的生态创新实践（Zhang et al., 2015）。以往学者对竞争者的环保导向主要通过竞争者是否已经采用环保工艺（Wang et al., 2020）、竞争者的环保产品开发数量（Arranz et al., 2021）、竞争者生态发明专利申请数量（Li et al., 2021）等指标测量。借鉴 Li 等（2021）的做法，本章采用目标企业所在行业规模排名前 15 名企业的生态发明专利申请量来测量竞争者的环保导向。

（2）顾客需求。顾客需求可以通过市场客户对绿色产品需求的细分、消费者对绿色产品需求的价格灵活性、绿色产品为客户提供的利益这几个方面来表现（Lin et al., 2013）。参照 Arranz 等（2021）的做法，本章依据中国环境保护产业协会公布的《2018年环境保护产品认证名录》中绿色产品在不同行业中的占比来测量顾客需求。

4. 企业内部层面

（1）研发投入。参照 Jiao 等（2020）的做法，在考虑到企业绿色研发投入受企业规模、行业等因素影响的基础上，本章使用研发投入总额占营业收入总额的比例来测量企业的研发投入。

（2）资源冗余。资源冗余通常采用托宾 Q 值（Lee and Min，2015）、净资产收益率（Santos et al.，2019）、总资产利润率（Juniati et al.，2019）等指标来衡量。参照 Santos 等（2019）的做法，本章采用净资产收益率来衡量企业资源冗余情况。

6.3.3 数据校准

本章所涉及的环境规制、环保补助、竞争压力、顾客需求、研发投入、资源冗余和生态创新都分别视为一个集合，因此，对 6 个前因变量和 1 个结果变量设定 3 个锚点（Fiss，2011；Schneider and Wagemann，2012）。各变量的校准锚点及描述性分析结果见表 6-1。

表 6-1 各变量的校准锚点及描述性分析结果

集合	模糊集校准		
	完全不隶属	交叉点	完全隶属
环境规制	42.42	68.50	78.8
环保补助	0	0.000 055	0.002 849
竞争压力	31.20	83.00	313.80
顾客需求	20.20	41.00	184.60
研发投入	0.002 0	0.096 6	0.239 1
资源冗余	0.000 8	0.030 3	0.089 5
生态创新	0	2.00	44.8

6.4 数据分析与实证结果

在模糊定性比较分析之前，多因素组合路径分析必须对每个单变量进行必要性分析（Ragin，2000）。

6.4.1 必要条件分析

本节首先展开必要条件分析，以识别各条件能否单独作为必要条件（Ragin, 2000），对于不能单独形成必要条件的需要再进行充分条件分析（Jiao et al., 2020），必要条件分析结果如表 6-2 所示。

表 6-2 驱动企业生态创新的单因素必要性检验

条件变量	必要一致性	覆盖度	调节变量	必要一致性	覆盖度
环境规制	0.685 343	0.554 945	～环境规制	0.593 835	0.516 526
环保补助	0.535 091	0.600 391	～环保补助	0.743 893	0.498 118
竞争压力	0.674 098	0.590 623	～竞争压力	0.580 845	0.467 176
顾客需求	0.679 915	0.596 124	～顾客需求	0.663 436	0.533 271
研发投入	0.606 437	0.544 378	～研发投入	0.717 914	0.564 998
资源冗余	0.558 938	0.550 821	～资源冗余	0.738 077	0.538 777

注："～"是布尔逻辑运算符"非"，表示相应条件不存在。

从表 6-2 中可以看出，本章的所有条件变量，即驱动企业生态创新的单项前因变量均未通过必要性检验。这也表明，企业生态创新受到多个因素的共同影响而非由单一因素造成。因此，接下来将这些前因条件纳入 fsQCA 之中，进一步探索驱动企业生态创新和非驱动企业生态创新的组态。

6.4.2 组态分析

本章在分析多因素组合路径过程中，不仅探究驱动企业生态创新的条件路径，还剖析非驱动企业生态创新路径，并将两种结果进行相互验证。

1. 驱动企业生态创新组合路径分析

由于单项前因要素对结果变量的解释力不足，因此需要进行多因素组合路径分析（To et al., 2019）。在根据变量赋值规则进行校准的基础上，利用 fsQCA 3.0 软件构建真值表，对驱动企业生态创新的条件组合路径进行分析，结果如表 6-3 所示。

表6-3 企业生态创新的多因素组合路径分析

变量	组态 H1	H2	H3	H4	H5
环境规制	●	⬤	●	⊗	⊗
环保补助	⬤	⬤		⊗	⬤
竞争压力		⊗	●	⬤	⊗
顾客需求		●	●	⬤	⊗
研发投入	⊗		⊗	⬤	●
资源冗余	⬤		●	⊗	⬤
一致性	0.819 654	0.825 513	0.836 431	0.820 134	0.822 851
覆盖率	0.236 138	0.218 302	0.218 108	0.214 812	0.152 191
唯一覆盖率	0.113 377	0.150 600	0.096 934	0.612 623 8	0.068 530
总体一致性	0.866 129				
总体覆盖率	0.386 778				

注：⬤或●表示该条件存在，⊗或⊗表示该条件不存在，"空白"表示构型中该条件可存在，可不存在；⬤或⊗表示核心条件，●或⊗表示辅助条件。

从表6-3中可以看出，总体一致性为0.866 129，大于0.80，此外，5个构型的一致性指标均大于0.80，说明6个前因条件组合中的所有案例都满足一致性条件，因此，五种组态视为可驱动企业生态创新的充分条件。其中，覆盖率较高的路径是H4，即"～环境规制*～环保补助*竞争压力*顾客需求*研发投入*～资源冗余"（"*"表示组合符号），原始覆盖率是0.214 812，唯一覆盖率是0.612 623 8。路径H4与其他路径不同，该路径主要包含市场和企业两个层面的因素。路径H1和H5是同一类型，即有相同的核心要素，其中两条路径中都包含核心条件"环保补助""资源冗余"。路径H1原始覆盖率为0.236 138，唯一覆盖率为0.113 377，路径H5的原始覆盖率为0.152 191，唯一覆盖率为0.068 530。此外，路径H1和H5受市场层面的"竞争压力"和"顾客需求"因素的影响都较弱。两条路径的主要区别在于"环境规制"和"研发投入"，H1路径中的企业研发投入偏低且受到的环境规制较强，H5路径中企业研发投入较高且受到的环境规制较弱。路径H2和H3是同一类型路径，在这两组路径中同时包含了三个层面的因素。路径H2可以解释约21.83%的企业生态创新驱动模式和15.06%的案例样本，H3可以解释约21.81%的企业生态创新驱动模式和约9.69%的案例样本。H2和H3的主要区别在于，除企业自身因素外，H2的核心要素主要集中在制度层面,而 H3 的重点要素集中在市场层面。总体来说,分析结果中的五条路径可以分为三种类型。

2. 非驱动企业生态创新的组合路径分析

为了更全面、深入地探索影响企业生态创新的因素,本节进一步分析导致非驱动企业生态创新的组态(路径),结果分析如表 6-4 所示。

表 6-4　非驱动企业生态创新的多因素路径组合分析

变量	组态										
	M1	M2	M3	M4	M5	M6	M7	M8	M9	M10
环境规制		⊗	⊗			⊗	⊗	●	●	●
环保补助		●		⊗	⊗	⊗	⊗	●		
竞争压力	⊗	⊗	⊗	⊗	⊗			⊗	⊗	⊗
顾客需求	⊗		⊗		⊗	●				⊗
研发投入	⊗		●	●					⊗	⊗
资源冗余	⊗	⊗		●	●		●	●	●	
一致性	0.907 711	0.917 819	0.908 394	0.928 102	0.896 869	0.947 873	0.964 960	0.852 397	0.871 019	0.883 376
覆盖率	0.311 257	0.231 249	0.313 556	0.303 498	0.371 493	0.267 816	0.282 103	0.145 147	0.309 406	0.259 885
唯一覆盖率	0.003 080	0.030 280	0.018 540	0.011 540	0.033 360	0.010 103	0.005 600	0.010 361	0.000 280	0.000 081
总体一致性	0.841 021									
总体覆盖率	0.622 935									

注:●表示该条件存在,⊗表示该条件不存在,"空白"表示构型中该条件可存在,可不存在。

从表 6-4 中可以看出,非驱动企业生态创新的多因素组合路径共 10 条,总体覆盖率为 0.622 935。其中路径 M1 的原始覆盖率为 0.311 257,唯一覆盖率为 0.003 080,该路径中的企业没有受到任何层面因素的影响。在 10 条路径中,覆盖率最高的是路径 M5,即"～环保补助*~竞争压力*~顾客需求*资源冗余",该路径的原始覆盖率为 0.371 493,唯一覆盖率为 0.033 360,该路径仅包含资源冗余因素,缺乏制度和市场层面的因素。路径 M2、M3、M4、M5、M7 和 M10 是相同类型的路径,该类型的路径都仅包含单个层面的关键因素,该分析结果与前文单因素必要性检测结果相同,进一步验证了单独某一因素不能作为驱动企业生态创新的充分条件。

6.5 讨 论

6.5.1 驱动企业生态创新的三类途径

鉴于各组态涉及不同层面的核心条件,为了更好地比较不同组态的差异,本章结合驱动企业生态创新和非驱动企业生态创新的分析结果归纳出以下三种驱动企业生态创新的组态(路径),即市场-企业型、政府-企业型、政府-市场-企业型。

1. 市场-企业型(竞争压力*顾客需求*研发投入)

当企业自身研发资源充足时,即使政府环境规制不够强、环保补助力度不够高,来自市场层面的竞争压力和顾客需求也对企业生态创新具有较强的影响。根据利益相关者理论,顾客是企业的主要利益相关者,多样化的市场需求能够有效促进企业生态创新(Ghisetti, 2017)。行业内竞争者进行生态创新所带来的压力会对企业的生态创新产生影响,例如,Liao 和 Liu(2021)研究发现,行业内竞争者的生态创新会削弱企业的财务绩效,出于压力,企业会进行生态创新。所以,相比之下,虽然环境规制和环保补助对企业生态创新有影响作用,但是企业生态创新更加依赖于市场拉动因素(Jové-Llopis and Segarra-Blasco, 2020)。驱动企业生态创新的分析结果中,市场-企业型案例在样本中出现的频率最高,而非驱动企业生态创新分析的 10 条路径中市场层面的因素出现的频率是最低的,进一步说明,企业生态创新的驱动力更多地来源于市场层面。

2. 政府-企业型(环境规制*环保补助*资源冗余;环保补助*研发投入*资源冗余)

在驱动企业生态创新的过程中,除了市场力量对企业的行为产生影响之外,制度层面的因素在推动企业以自身资源为基础进行生态创新的过程中发挥着不可或缺的"双重作用"。虽然重污染企业承担社会责任会导致企业环境成本增加,但是政府可以通过环保补助的方式提高企业的积极性(Porter and van der Linde, 1995)。Hille 等(2020)的研究也表明,政府可以通过环境规制、环保补助以及其他环境工具来监督和鼓励企业实施生态创新,本章的研究结果进一步验证了这一观点。对比驱动企业生态创新路径 H1 和 H5 可以发现,当企业研发投入不足时,政府通过环境规制和环保补助两个因素的共同作用可以促进企业生态创新,当企业有较多的资源冗余并且有研发投入时，政府的环保补助同样可以促进企业生态创新。从路径 M2 和 M10 可以看出，仅通过制度层面的因素不能促进企业生态创新，进一步说明政府-企业型路径是以企业自身为基本支撑，制度层面的因素发挥促进企业生态创新的作用时，需要以企业的自身资源为基础。

3. 政府-市场-企业型（环境规制*环保补助*顾客需求*研发投入；环境规制*竞争压力*顾客需求*资源冗余）

除了政府与企业、市场与企业可以共同作用于生态创新以外，政府、市场、企业三个层面也存在交互作用（Arranz et al., 2021）。通过分析 H2 和 H3 两条路径可以发现，尽管都包含三个层面的因素，但是两条路径中政府和市场两个层面的作用强度分别不同。在企业的研发投入充足、有市场需求但竞争压力较小的情况下，政府的环境规制和环保补助发挥更多的促进作用。分析非驱动企业生态创新路径结果可以发现，在 10 条路径中，企业层面的关键因素出现的频率最高，但是从 M3、M4、M5 和 M7 路径可以看出，单独的企业自身资源因素仅能作为生态创新的基础，同时需要制度和市场层面的因素共同发挥作用。

6.5.2 各条件之间的关系

相比于传统的方差视角，构型视角不仅具有能把握全局性、等效性、不对称性等研究特点，还具有可以识别各条件之间相互作用的特点（Ragin, 2000）。在本章中，除同一层面的因素存在互补关系之外，不同层面的因素之间也存在一定的关系。从驱动企业生态创新路径 H1 和 H5 可以看出，环境规制和研发投入之间存在明显的替代关系。高环境规制或高研发投入、强环保补助、强资源冗余相结合都可以促进企业生态创新行为。这说明环保补助、资源冗余这两个因素只需要和环境规制或研发投入结合即可促进企业生态创新。

此外，企业层面的因素作为核心条件存在于所有的驱动企业生态创新路径中。这说明企业自身资源是促进企业生态创新的基本条件。顾客需求、环境规制和环保补助，在五条路径中出现三次，说明它们对驱动企业生态创新至关重要。

6.6 结论和启示

6.6.1 结论

基于战略管理理论、资源基础观、利益相关者理论等，本章选取了 13 个污染行业的 123 家上市公司作为研究样本,从制度、市场和企业内部三个层面,采用 fsQCA 方法探讨了驱动企业生态创新的多重并发因素和因果复杂机制,主要得到以下几个方面的研究结论。

首先,企业生态创新行为受到多个因素的共同影响,三个层面的驱动因素并非平等地在所有环境中产生正向影响。各驱动因素对企业生态创新行为的影响存在非对称性,实现驱动企业生态创新的 5 种组合路径与非驱动企业生态创新的 10 种组态不存在对称性,且每一种组态都是由不同的影响因素组合构成的,同一影响因素在不同组态中发挥的作用不同。

其次,在企业自身资源的基础上,驱动企业生态创新的模式可以分为市场拉动型、制度推动型和双重压力型。在市场拉动型模式下,消费者作为企业的利益相关者,能够有效拉动企业进行生态创新(Lin et al.,2021),该模式也是驱动企业生态创新的主要模式;在制度推动型模式下,来自政府部门的环境规制压力要求企业向生态创新方向发展,而政府提供的环保补助能够弥补企业自身资源的不足,发挥制度扶持的作用(Lewandowska,2016);在双重压力型驱动模式下,来自市场的拉力和制度的推力共同影响企业生态创新行为,同时政府的举措能够调控市场需求,从而间接影响企业生态创新行为。

最后,非驱动企业生态创新模式主要有无压力型和资源不足型。其中,资源不足型是非驱动企业生态创新的主要路径。在无压力型驱动模式下,市场层面绿色消费需求低、竞争压力不足,制度层面环境规制宽松、环保补助力度低,这种宽松的外部环境不利于企业重视生态创新;在资源不足型驱动模式下,由于生态创新的双重外部性,企业会更注重将资源投入其他方面,虽然企业受到来自市场和制度层面的压力,但是由于自身资源的不足,无法增加对生态创新的投入。

6.6.2 研究贡献

本章的理论意义主要有以下三个方面。首先,在研究视角方面,基于构型视角,本章将制度理论、利益相关者理论、战略管理理论相结合,同时引入生态创新领域,解释各个层面的前因条件对企业生态创新行为的影响。本章发现不同层面的因素的重要性程度不同,且各层面之间也会相互作用,这对更好地理解企业生态创新行为提供了一定帮助。其次,在研究方法方面,本章使用 QCA 研究方法,丰富了企业生态创新研究的方法。以往的研究大多使用定量研究方法或者定性研究方法,很少有学者使用 QCA 方法。QCA 方法同时具备了定性和定量研究方法的双重优势,能够很好地分析不同组态之间的相互作用(Ragin,2000),比较符合生态创新领域的研究。最后,在研究结论方面,本章探索了各前因条件的相互作用而非单独发挥的效应,能够很好地理解 6 项前因条件如何在企业生态创新中发挥作用,有利于解释已有研究中存在的分歧,并根据研究结果将不同生态创新路径分为市场拉动型、制度推动型和双重压力型。

6.6.3 管理启示

本章对政府和企业有一定的管理启示。从政府层面而言,为了充分发挥制度对市场的影响作用,一方面,政府应合理优化环境规制强度,虽然在短时期内环境规制对企业生态创新的影响可能并不显著甚至会产生负面影响,但是,长久来看,不同行业类型的企业对环境规制的敏感度不同,因此应考虑不同行业的实际情况,执行合理的、严格的环境规制措施,使环境规制对企业生态创新持续发挥积极的促进作用。另一方面,应该有针对性地为企业提供资金支持,以帮助企业实现绿色发展。通过环保补助工具积极引导顾客需求,形成顾客的绿色需求与生态创新的良性循环。政府部门可以通过不断完善环保补助政策和绿色资本市场融资渠道,来加强对生态创新的研发投入,从而提高企业生态创新的基础资源能力。从企业层面而言,企业应当及时掌握绿色消费市场发展方向及政府发布的各项政策信息,以抓住更多发展机遇。本章的结果也表明,企业生态创新行为虽然以自身资源为基础,但是高水平的生态创新至少包含市场或制度层面的一个前因条件。因此,企业应该多关注外部环境的变化,适时进行生态创新。

6.6.4 研究不足和未来展望

本章虽然对企业生态创新驱动因素的研究做出了一定的贡献,但仍存在局限性。本章中的数据来源于重污染行业的上市公司,其他行业及未上市的公司没有作为研究对象,研究样本具有一定的局限性,不同的行业性质和企业规模可能会导致结果存在一定的偏差。此外,虽然本章根据以往的文献,筛选出了 6 个影响企业生态创新的重要因素,但是仍然会存在其他一些会对结果中的路径产生影响的因素,在未来的研究中应该考虑更多因素的影响,如技术发展水平、企业文化等。

6.7 本章小结

本章以 13 个不同行业的 123 家上市公司为研究对象,采用模糊集定性比较分析方法,对驱动企业生态创新的路径组合进行了研究。研究表明:企业自身的基础资源能力是进行生态创新的基础,制度和市场层面的因素发挥作用驱动企业生态创新需要企业自身资源作为支撑;企业、市场和制度三个层面的因素并非平等地在所有环境中都对企业生态创新产生促进作用;在企业自身资源的基础上,驱动企业生态创新的模式可以分为市场拉动型、制度推动型和双重压力型。

(本章执笔人:廖中举,朱相,翁晨)

下篇：正式制度、非正式制度与企业生态创新

制度作为社会的游戏规则，规范了经济主体的行为边界，塑造了组织和个人目标、价值观和行为，降低了交易成本，促进了社会经济发展（North，1990；Marquis and Lounsbury，2007；辛杰，2014）。North（1990）按照制度的组成部分将其划分为正式制度与非正式制度，这一划分在新制度经济学研究中被广泛应用，正式制度被看作非正式制度的"进化"的产物，是非正式制度的延伸（廖中举等，2023）。正式制度是可以迅速变化的，由政府和其他权威机构设计并确保实施的规则，而非正式制度则相对变化较慢（Su，2021）。

政府是环境政策的制定者和实施者，政府监管是促进企业生态创新不可或缺的重要因素。然而，监管距离与企业生态创新之间的关系，以往的研究关注较少。第7章检验监管距离对企业生态创新的影响作用，并选择社会信任作为调节变量，以期打开监管距离与企业生态创新之间的黑箱。

为了检验正式与非正式制度对企业生态创新具有什么样的影响作用，第8章将正式制度分为政府制度、经济制度和法律制度，并选择儒家文化作为非正式制度的代理变量，选择沪深上市的重污染企业的相关数据作为研究样本，剖析非正式制度在正式制度对企业生态创新的影响过程中起到的调节作用。

在第8章分析正式制度与儒家文化对企业生态创新行为的影响作用后，第9章进一步检验正式制度与儒家文化对企业选择成为不同类型的

生态创新者的影响。第9章采用矩阵分析法,将企业分为四大类型——真实型生态创新者、虚假型生态创新者、伪装型生态创新者和模仿型生态创新者;采用 Probit 模型,对相关数据进行检验并证实儒家文化的调节作用。

为了能够识别出实现高水平生态创新的制度要素组合与需要规避的低水平组态路径,第10章从构型的视角采用模糊集定性比较分析方法,检验正式制度和非正式制度如何共同影响企业生态创新。

第7章 正式制度、社会信任与企业生态创新：监管距离的视角

生态创新是绿色低碳经济发展的重要动力，近距离的监管能够更好地发挥政府对企业生态创新行为的引导作用。基于制度理论，本章将构建监管距离、环境信息披露、社会信任与企业生态创新的关系模型，并对其进行检验。

7.1 引　　言

随着经济全球化进程的不断推进，为了解决日益严重的全球性环境污染问题，人类积极推行绿色管理理念，推动企业绿色转型，实现低碳经济发展（Chen，2008；Lin and Zhang，2016；Shao et al.，2019；Lin and Ma，2022）。目前，生态创新成为改善温室效应和免受气候变化威胁的有效举措，有助于减轻环境风险、降低环境污染率、增强资源利用率（Takalo and Tooranloo，2021；Burki and Dahlstrom，2017；Albort-Morant et al.，2018）。同时，生态创新是生产力发展的重要基础和特征（Sultanuzzaman et al.，2019），也是平衡经济发展与环境保护的有效途径（Brunnermeier and Cohen，2003；Wang et al.，2019；Xu et al.，2021）。例如，生态创新不仅能够提高企业的财务、环境以及社会绩效（Ardito and Dangelico，2018），还在发展低碳经济、减少污染等方面发挥着至关重要的作用（Berrone et al.，2013；Shen et al.，2021）。在不影响经济增长的情况下，生态创新有利于实现资源或能源效率提升，促进企业绿色发展（Lin and Moubarak，2014；Lambertini et al.，2017；Wurlod and Noaily，2018；Sun et al.，2021）。

鉴于生态创新在环境保护和经济发展中具有重要作用，许多学者对企业生态创新影响因素的问题进行了研究，但仍然存在以下不足。基于利益相关者视角，政府监管压力、行业规范压力和同行企业模仿压力是促进企业生态创新的主要因素（DiMaggio and Powell，1983）。政府监管是生态创新的重要驱动力（Frondel et al.，2007），政府监管压力对于企业生态创新具有积极的促进作用（Weng et al.，2015）。但是现有研究大多采用政府颁布的环境法规数量、环境监管机构对企业排污行为的监督数量、污水处理费征收额、污染控制投资占总产值的比例等来测量政府监管压力（Acemoglu et al.，2012；Brunnermeier and Cohen，2003；Song et al.，2021），没

有充分考虑到环境监管机构与企业之间的距离也是衡量政府监管压力的重要指标。同时，企业环境信息披露是回应公众对环境担忧的重要举措，但其对企业生态创新的影响还存在争议，一部分学者证实企业环境信息披露会促进企业生态创新（Li et al., 2022a；Wang et al., 2023b），而其他研究的结果却与之相反（Tu et al., 2019），这说明环境信息披露与企业生态创新之间关系的相关研究还不够深入。

据此，基于制度理论，本章探究监管距离对企业生态创新的影响作用，同时考察环境信息披露的中介作用和社会信任的调节作用，以丰富相关研究。本章具有以下理论贡献：首先，基于制度理论，不同于现有研究对政府监管压力的衡量，本章以监管距离作为政府监管压力的衡量指标，从监管距离的角度进一步探究制度对企业生态创新的影响，丰富了制度理论；其次，本章探究了环境信息披露在监管距离与企业生态创新之间所产生的中介效应，进一步深化了制度作用于企业生态创新内在机理的相关研究；最后，由于社会信任是非正式制度的重要组成部分，本章考察了社会信任在监管距离与企业生态创新之间的调节作用，进一步明确监管距离影响企业生态创新的边界条件，从而有利于未来学者充分考虑多种不同的非正式制度对企业生态创新的影响。

7.2 文献回顾和研究假设

7.2.1 监管距离对企业生态创新的影响

地理距离被定义为一个人从起点到目的地的范围（Nicolau and Más, 2006），或经济行为者之间的空间或物理距离，监管距离指的是政府环境监管部门与企业之间的物理距离（Boschma, 2005）。监管距离不仅影响企业创新活动（Audretsch and Feldman, 1996；Olson G M and Olson J S, 2000），还会影响监管部门对污染企业的监督强度（Hu et al., 2021a）。制度理论认为正式制度代表政府定义下的强制约束，非正式制度代表不具有强制性与成文性的非正式约束（Williamson, 2009）。

监管距离的增加会使技术合作交流变得更加困难（Olson G M and Olson J S, 2000；Kiesler and Cummings, 2002），而监管距离的缩短能够有效推动技术信息交互，使技术合作交流更便捷和更高效。生态创新是新旧知识相结合的结果（Bignami et al., 2020），更多的技术变革依赖于新知识的产生（Audretsch and Feldman, 1996）。监管距离的缩短能够促进与生态创新相关知识的交流以推动生态创新（Antonelli, 2000；Paci and Usai, 2000）。此外，监管距离的缩短能够更好地传递生态创新的新要求和新突破，促进新旧知识的结合与更新，更好地推动企业生态创新，对企业开展生态创新活动具有不可或缺的积极作用（Husted et al.,

2016；Yao and Yang，2017）。同时，监管距离的增加使企业与其利益相关者之间的交流会变得更加困难，这不利于企业生态创新的推进；而监管距离的缩短在一定程度上能促进企业与其利益相关者之间的沟通和信任的建立，增强企业与其利益相关者之间的互动，促进企业知识创造和实现生态创新（Boschma，2005）。

此外，从政府监管力度来看，随着监管距离的增加，政府对污染企业的监管力度会相应地下降（Hu et al.，2021a）。同时，监管距离的增加可能会削弱政策的执行效率（Yao and Yang，2017），可能会导致企业相关政策落实不到位，从而使政策对企业生态创新的激励作用减弱。监管距离的缩短不仅能够促进政府与企业之间的信息交互，还能增强企业对外部信息的敏感度。监管距离的缩短能够帮助政府更好地了解企业所存在的环境污染问题，核实相关政策落实情况，督促企业及时进行整改。监管距离是影响企业战略决策的重要因素之一（John et al.，2011；Loughran and Schulta，2005），监管距离的缩短更有利于企业了解其他利益相关者对企业绿色发展的新要求，帮助企业快速识别公众的绿色需求，制定相应的发展战略，推动企业生态创新，从而增强企业的绿色竞争优势。综上所述，本章提出以下研究假设。

H1：监管距离的增加对企业生态创新具有负向影响作用。

7.2.2　环境信息披露的中介作用

环境信息披露是企业披露的一个关键要素，也是环境治理的关键因素（Kasim，2017）。企业需要在年度报告中披露废物管理、污染排放、气候变化等环境信息，以回应利益相关者的环境担忧（Shi et al.，2021）。环境信息披露既是企业回应政府和公众对企业参与环境保护的要求，也是向关心环境的利益相关者展示企业对环境保护的责任担当（Cho and Patten，2007；Gürlek and Tuna，2018；Lu and Li，2023）。通过环境信息披露，企业既可以对其行为所带来的环境影响负责，也可以积极响应利益相关者的信息需求，以证明企业经营是合法的（Wilmshurst and Frost，2000）。同时，环境信息披露是推进企业生态创新的关键因素之一，不仅能促进企业调整生产经营活动以减少所产生的污染排放物，达到保护环境的目的，还能展现企业的绿色责任担当，更好地获得利益相关者对企业生态创新的支持（Xing et al.，2021；O'Rourke and Lee，2004；Laine et al.，2017）。因此，企业需要在年度报告中进行环境信息披露，以展现企业的环境担当和社会责任。

由于企业环境信息的特殊性，外界很难对企业所披露的环境信息的真实性进行核实，并且相关监管部门在资源方面存在一定的局限性。监管距离的缩短有利于更好地监测企业环境信息披露的真实性，增进政府与企业之间的互动和信任。同时，对相关部门而言，与企业地理距离的接近，更有利于他们灵活、高效地核实环境披露信息，对企业环境信息披露存在的隐瞒之处及时开展监管举措，以促进企业提升环境信息披露质量，更好地履行其保护环境的责任担当（Yao and Yang，2017）。此外，现有研究表明监管距离不仅会影响信息传播的时间、成本和便利性（Goldenberg and Levy，2009），还会改变信息和资源通过网络流动的性质，这在一定程度上影响了信息传递的可能性和效果（Whittington et al.，2009）。监管距离的增加会削弱环境信息披露相关措施落实的实际效果（Yao and Yang，2017），使企业相关政策落实不到位，信息传递不够完全。这意味着监管距离的远近可能会影响污染企业和监管部门之间的信息互动。监管距离的缩短不仅能够增加外界对企业绿色效益的认识，也能加强外界对企业环境信息披露真实性的监督力度，更好地促进企业绿色形象的树立与环境信息披露质量的提升。

现有研究已证实环境信息披露是企业提升自身长期竞争优势的重要工具，对企业生态创新具有促进作用（Feng et al.，2021）。企业环境信息披露不仅能向外界传达企业对绿色要求的落实情况，积极回应外界对企业减少污染物排放的环保要求，而且在一定程度上能够减少监督者和企业在控制污染过程中的信息不对称现象（Kasim，2017），从而促进企业进行生态创新。同时，环境信息披露有利于提高企业环保意识（Li et al.，2018b）。由于负面的环境信息会降低企业价值（Wei et al.，2020），因此为了更好地提升企业价值，企业会积极进行生态创新，向外界传递其绿色行为和环境效益，有意识地提升企业环境声誉，以树立企业绿色形象和提升企业价值（Shi et al.，2021）。政府和公众可以通过环境信息披露监督企业存在的污染行为，政府部门可以对污染企业采取更有效的监管举措。同时，公众的舆论监督会对污染企业产生一定程度的约束力，迫使企业积极进行污染预防与控制，积极开展生态创新以实现低碳经济发展目标（He et al.，2023）。综上所述，本章提出以下假设：

H2：环境信息披露在监管距离与企业生态创新之间起到中介作用。

7.2.3 社会信任的调节作用

社会信任是除物质资本与人力资本以外一类重要的社会资本（Welch et al.，2005；Yang et al.，2021），在发展有意义的社会关系中具有重要作用，是良好的社会和经济的重要组成部分。社会信任作为非正式制度的重要因素之一（Li et al.，2013），能够有效调节监管距离对企业生态创新的负面影响作用。同时，社会信任和正式监管可以相互替代，社会信任在一定程度上可以取代正式监管，作为正式制度的替代品促进生态创新（Cline and Williamson，2016；Yang et al.，2021）。

首先，监管距离增加会减弱企业对外部信息的敏感度（Martínez-Noya and García-Canal，2018），不利于企业了解其他利益相关者对企业绿色发展的新要求和推动企业生态创新，而社会信任的提升能够缓解信息不敏感的情况，促进信息的接收与传递，从而缓解监管距离的增加对企业生态创新的不利影响（Cline and

Williamson，2016）。其次，在市场中，关系双方拥有的信息不同，即一方比另一方拥有更多或更优的信息时，就会产生信息不对称现象（Akerlof，1978；Stiglitz，2002）。社会信任能够缓解市场参与者存在的信息不对称问题，促进各方合作（Qin et al.，2022），并且高度信任可以促进社交网络的形成，促进创新知识共享与转移，降低创新合作的成本（Pretty and Ward，2001；Huang and Li，2017）。监管距离的增加不利于企业与其利益相关者之间的沟通和信任的建立，不利于企业与其利益相关者之间的互动，从而抑制企业的知识创造和生态创新（Boschma，2005）。然而，社会信任的提升能够缓解监管距离增加而导致的企业与利益相关者沟通、创新合作不顺畅等问题，从而有助于企业生态创新。

此外，在社会信任度较高的地区，企业的环境信息披露将更加透明，环境信息披露质量更高（Zhang and Chen，2023），环境监管部门可以直接通过企业发布的环境信息披露进行有效监管，缓解因监管距离增加而导致政府监管力度下降的问题，及时督促企业进行生态创新。同时，随着社会信任度的提升，企业作为社会生产和服务的主要承担者以及社会生活的重要成员，会更有可能遵守道德约束，拥有更好的环境偏好，更加自觉注重绿色形象（Zhang and Chen，2023）。这意味着社会信任的提升，会推动企业更加注重企业自身的环境污染问题，自觉采取更环保的行为，从而削弱监管距离对生态创新的抑制作用。另外，社会信任能够加强信息的交互，减少监管距离增加所带来的信息偏差问题，帮助政府部门更好地了解企业，有针对性地帮助企业突破生态创新瓶颈（Xing et al.，2021；Laine et al.，2017），激发企业生态创新的热情。综上所述，本章提出以下假设。

H3：社会信任在监管距离与企业生态创新之间起到调节作用，即社会信任在一定程度上削弱了监管距离对企业生态创新的负向影响。

7.3 方　　法

7.3.1 数据来源

本章以沪深证券交易所的 2012~2022 年 A 股上市企业作为研究样本，从 CSMAR 数据库中收集沪深证券交易所的 2012~2022 年 A 股上市公司年报，按照以下标准进行筛选：剔除金融类公司、国有企业、有退市风险的公司；剔除财务数据、年份不足的上市公司；剔除发生行业变更、行业缺失及不详的上市公司；剔除办公位置跨市大幅度变更的上市公司；剔除净资产收益率亏损 100%以上的上市公司；剔除重要数据严重缺失的上市公司。财务数据和环境信息披露数据来自 CSMAR 数据库，地级市人口数量来自《中国城市统计年鉴》。经过筛选整理，最后得到 6347 个观测值。

7.3.2 变量测量

（1）企业生态创新（变量符号为EI）。借鉴Wurlod和Noaily（2018）、Xiang等（2020）、Pan等（2021）的研究，本章以世界知识产权组织（World Intellectual Property Organization，WIPO）发布的绿色专利清单为依据，以绿色专利授权数作为生态创新的衡量指标，并将其加1进行对数化处理。

（2）监管距离（变量符号为GD）。在Antonelli（2000）、Nicolau和Más（2006）、Hu等（2021a）的研究的基础上，本章选取企业与市生态环境局的实际地理距离作为变量的衡量指标。利用百度地图解析出市生态环境局和上市公司所在的经纬度，然后利用企业和市生态环境局的经纬度信息计算出企业到市生态环境局的实际地理距离，取其自然对数作为衡量监管距离的指标。

（3）环境信息披露（变量符号为EID）。借鉴Xiang等（2020）和Wang等（2023a）的做法，本章选取企业的信息披露质量作为变量的衡量指标。具体将企业的环境信息披露质量按照环境信息管理内容、环境监管与认证情况、环境污染物情况、环境业绩与治理情况等方面进行加分汇总，取其算术平均数作为衡量环境信息披露的指标。

（4）社会信任（变量符号为Trust）。方言是民族认同和民族身份的一个重要维度（Pendakur K and Pendakur R，2002），同时其作为历史文化的产物具有较好的稳定性，通过影响人际交往中的心理距离，进而影响沟通深度、身份认同感以及信任度（徐现祥等，2015）。地区人口越多，方言种类数量越少，那么地区的社会信任程度越高。本章考虑到方言种类数量的稳定性，在徐现祥等（2015）的研究基础上，用年初所在市非农业人口数量除以所在地方言种类数量来表示社会信任，并进行对数处理。

（5）控制变量。基于Xiang等（2020）、Li等（2022b）的研究，本章选择了企业规模（变量符号为SIZE）、企业资产负债率（变量符号为LEV）、企业净资产收益率（变量符号为ROE）和企业成立年限（变量符号为AGE）作为控制变量。企业规模和企业资产负债率直接进行对数化处理，企业净资产收益率和企业成立年限均加1后取自然对数。

7.4 数据分析与实证结果

7.4.1 描述性分析

表7-1对2012～2022年各个变量的统计特征进行了描述性分析和相关性分析，列出了所有变量的均值、标准差、最小值、最大值等。

表 7-1　各变量的描述性统计和变量相关矩阵

变量	N	均值	标准差	最小值	最大值	EI	EID	Trust	GD	SIZE	LEV	ROE	AGE
EI	6347	0.3703	0.7599	0.0000	6.4003	1							
EID	6347	0.3567	0.3215	0.0741	1.5926	0.1476***	1						
Trust	6347	5.4820	0.7157	2.7874	7.1801	0.0386***	−0.0815***	1					
GD	6347	9.7602	1.2612	5.7771	15.0875	−0.0647***	0.0820***	−0.0514***	1				
SIZE	6347	3.0965	0.0479	2.9719	3.2931	0.2249***	0.4013***	0.0034	0.0947***	1			
LEV	6347	−1.1198	0.6159	−4.5099	−0.0873	0.1647***	0.1684***	−0.0002	0.0914***	0.5184***	1		
ROE	6347	0.0562	0.1527	−3.3376	0.8929	0.0478***	0.1096***	−0.0512***	−0.0226*	0.1204***	−0.0958***	1	
AGE	6347	2.8416	0.3459	1.3863	3.6376	0.0078	0.2026***	0.0903***	−0.0411***	0.2578***	0.1990***	−0.0622***	1

注：N为样本数量。

** $p<0.05$，*** $p<0.01$。

表 7-1 显示，企业生态创新的最小值为 0.0000，最大值为 6.4003，说明样本数据中的各个上市公司生态创新水平存在明显差异。监管距离的最小值为 5.7771，最大值为 15.0875，说明各上市公司到市生态环境局的地理距离存在明显差异，并且各变量的标准差均小于 1.5，能反映出数据分布比较集中，数据变动范围不大。此外，变量之间的相关性系数在合理的范围内，绝对值没有超过 0.6。

7.4.2 回归分析

1. 监管距离与企业生态创新的基准分析

表 7-2 中列出了监管距离对企业生态创新直接影响作用的回归结果。

表 7-2 监管距离对企业生态创新直接影响作用的回归结果

变量	EI 模型 1a	EI 模型 1b
GD		−0.0403***
SIZE	2.213***	2.424***
LEV	−0.035*	−0.034*
ROE	−0.059	−0.063
AGE	0.188**	0.170*
常数项	−7.052***	−7.261***
横截面	固定	固定
时间	固定	固定
R^2	0.698	0.699
调整后 R^2	0.667	0.668
F 值	22.547***	22.585***

* $p<0.1$，** $p<0.05$，*** $p<0.01$。

由表 7-2 可知，模型 1a 表明三个控制变量对企业生态创新有显著的影响作用。企业规模对企业生态创新的影响系数为 2.213 且在 1%水平上显著，企业资产负债率对企业生态创新的影响系数为 −0.035 且在 10%水平上显著，企业成立年限对企业生态创新有正向影响，影响系数为 0.188 且在 5%水平上显著。在控制了 4 个变量后，模型 1b 显示，监管距离对企业生态创新的影响系数为 −0.0403，在 1%水平上显著，表明监管距离对企业生态创新具有显著的负向影响作用。同时，R^2 为 0.699，F 值为 22.585，这表明模型的拟合优度较高。因此，假设 H1 成立。

2. 环境信息披露的中介作用

表 7-3 中列出了环境信息披露在监管距离与企业生态创新之间的中介作用的回归结果。

表 7-3 环境信息披露在监管距离与企业生态创新之间的中介作用的回归结果

变量	EID		EI
	模型 2a	模型 2b	模型 2c
GD		−0.0084*	−0.0394***
EID			0.101***
SIZE	1.165***	1.210***	2.302***
LEV	−0.013*	−0.013*	−0.033*
ROE	0.063***	0.062***	−0.069
AGE	−0.048	−0.051	0.175*
常数项	−3.134***	−3.178***	−6.940***
横截面	固定	固定	固定
时间	固定	固定	固定
R^2	0.718	0.718	0.699
调整后 R^2	0.689	0.689	0.668
F 值	24.830***	24.806***	22.598***

* $p<0.1$，*** $p<0.01$。

由表 7-3 可知，监管距离对环境信息披露的影响系数为 −0.0084，且在 10% 水平上显著，说明监管距离对环境信息披露具有显著的影响作用。在模型 2c 中，环境信息披露对企业生态创新的影响系数为 0.101，且在 1% 水平上显著，并且在环境信息披露这一中介变量引入后，监管距离对企业生态创新影响系数为 −0.0394 且在 1% 的显著性水平上显著。这说明环境信息披露在监管距离与企业生态创新之间的关系中起到中介作用。因此，假设 H2 成立。

3. 社会信任的调节作用

表 7-4 中列出了社会信任在监管距离对企业生态创新的影响过程中起到的调节作用的检验结果。

表 7-4 社会信任调节作用的回归结果

变量	EI	
	模型 3a	模型 3b
GD	−0.0379***	−0.0307***

续表

变量	EI	
	模型 3a	模型 3b
Trust	0.335***	0.342***
Trust×GD		0.026**
SIZE	2.336***	2.282***
LEV	−0.032*	−0.033*
ROE	−0.061	−0.061
AGE	0.151	0.158*
常数项	−8.793***	−8.751**
横截面	固定	固定
时间	固定	固定
R^2	0.700	0.700
调整后 R^2	0.669	0.669
F 值	22.625***	22.609***

* $p<0.1$，** $p<0.05$，*** $p<0.01$。

表 7-4 的结果表明，社会信任与监管距离的交互项对企业生态创新的影响系数为 0.026，且在 5%水平上显著。另外，模型 3b 的 R^2 为 0.700，F 值为 22.609 且在 1%水平上显著，说明模型具有较高的拟合优度。综上所述，社会信任在监管距离与企业生态创新之间起到调节作用，即社会信任在一定程度上削弱了监管距离对企业生态创新的负向影响。因此，假设 H3 得到验证。

7.5 结论和讨论

7.5.1 研究结论

本章以 2012~2022 年 A 股上市公司为研究样本，建立相关模型考察了监管距离对企业生态创新的影响，以及环境信息披露的中介作用和社会信任的调节作用，主要得出以下几个结论。

（1）监管距离对企业生态创新具有显著的负向影响作用。本章证实了企业与市生态环境局的实际距离增加对企业生态创新具有负向影响作用。监管距离的增加既不利于对企业污染行为的监督，也削弱了企业对外部信息的敏感度，在一定程度上限制了企业内外部信息交互，从而影响企业开展符合外界绿色需求的生态创新活动。

（2）环境信息披露在监管距离与企业生态创新之间起到中介作用。本章也证实了 Feng 等（2021）提出的环境信息披露对企业生态创新具有正向影响作用的结论。环境信息披露的提升能够提高企业绿色效应，促进企业积极进行生态创新和绿色转型。

（3）社会信任在监管距离与企业生态创新之间起调节作用，即社会信任在一定程度上缓解了监管距离对企业生态创新所产生的负向影响。同时，社会信任在一定程度上可以替代正式监管的作用，在一定程度上能够解决因监管距离增加所带来的信息不对称问题，从而促进企业与利益相关者之间的信息交互，更好地推动企业生态创新。

7.5.2 理论启示

首先，本章基于制度理论，深入考察监管距离对企业生态创新的影响，丰富和拓展了企业生态创新前因变量的研究。虽然以往研究已经证实了社会规范、文化传统、社会认同等对企业生态创新的影响，但是以往研究对影响企业生态创新的制度探究有限，仅仅挖掘出其中的"冰山一角"。本章证实了监管距离也是影响企业生态创新的重要因素，将促进未来学者探索更多的制度类型，完善制度与企业生态创新之间的研究框架。

其次，本章证实了环境信息披露在监管距离与企业生态创新之间起到中介作用，进一步深化了制度作用于企业生态创新内在机理的相关研究。当前学者更多关注高层管理者认知、环境展望、绿色能力等在制度与企业生态创新之间的作用，但现有研究忽视了环境信息披露在提高企业环保意识和促进企业生态创新方面的价值（Li et al.，2018a）。本章发现环境信息披露在监管距离与企业生态创新之间起到中介作用，将进一步推动制度与企业生态创新研究的发展。

最后，本章证实了社会信任在监管距离与企业生态创新之间起调节作用，进一步明确了监管距离影响企业生态创新的边界条件。现有研究更多关注企业所有权、企业规模等企业特征对制度与企业生态创新关系的影响，而忽视了正式与非正式制度的交互对企业生态创新的促进作用。本章的结果表明，社会信任在一定程度上缓解了监管距离对企业生态创新的负向影响，为未来学者考虑多种不同的制度对企业生态创新的影响作用提供了借鉴。

7.5.3 管理启示

本章证实了监管距离对企业生态创新具有负向影响作用以及社会信任起到调节作用，具有以下几点管理启示。

（1）职责细化，分区管辖，推动企业生态创新。监管距离的增加不仅抑制了技术的交流和知识的分享（Paci and Usai，2000；Antonelli，2000），还影响了外界对企业污染行为的监督力度（Hu et al.，2021a）。为了更好地促进企业生态创新，生态环境部门可以做好职责细化，开展分区管辖，在各县（区）建立环境保护监察大队，健全环境保护监察相关法律法规。同时，积极发挥正式制度与非正式制度的作用，更好地推动企业积极践行环境责任，自觉开展生态创新活动，以兼顾经济和环境，促进企业的可持续发展。

（2）完善环境信息披露，加强监督。企业的环境信息披露是外界对企业环保行为要求的回应（Cho and Patten，2007；Gürlek and Tuna，2018），同时也是向外界传递企业环境效应和提升自身声誉的重要方式（Xiang et al.，2020；Cho and Patten，2007；Du，2015）。相关部门要积极完善企业环境信息披露的要求和准则，加强监督企业信息披露措施相关政策的落实情况；提升企业环境信息披露的要求，更好地督促企业履行其环境责任，提升企业环境信息披露的质量，以保障企业环境信息披露的真实性。

（3）提升地区社会信任，提高企业绿色效率。监管距离的增加会导致企业对外部信息的敏感度降低（Martínez-Noya and García-Canal，2018），削弱生态创新的水平。地区社会信任的提升，能够缓解一部分信息不对称问题，在一定程度上有助于缓解监管距离增加对企业生态创新的负向影响。由此，地区应注重社会信任对企业形成的软性约束力，积极提升地区社会信任，从而促进企业更加注重绿色形象，积极开展生态创新活动。

7.5.4 研究不足和未来展望

尽管本章对监管距离、环境信息披露、社会信任和企业生态创新之间的关系进行了实证分析并取得了一定的结果，但仍存在一些局限性。一是由于诸多因素的限制，本章虽然从正式制度的角度探究了监管距离对企业生态创新的影响，但除了监管距离之外，其他制度因素也有可能对企业生态创新产生影响，本章并未全面考察其他正式制度对企业生态创新的影响。二是测度的精确度存在不足。本章所涉及的地理距离是利用地图定位的经纬度来计算的，所以关于距离的测度方面，后续研究会随着定位精度的提高而使测度更加准确。因此，针对以上局限性，未来的研究可以优化本章存在不足的地方，以使研究更加完善。

7.6 本章小结

本章选取 2012～2022 年沪深证券交易所的 577 家 A 股上市公司作为研究样

本，采用多元回归的分析方法，检验了监管距离对企业生态创新的影响，以及环境信息披露的中介作用和社会信任的调节作用。研究结果表明：监管距离的增加对企业生态创新具有负向影响作用；环境信息披露在监管距离与企业生态创新的影响过程中起到部分中介作用；社会信任在监管距离对企业生态创新的影响过程中起到负向调节作用，即社会信任在一定程度上能够削弱监管距离对企业生态创新所产生的负向影响。根据研究结论，本章提出了职责细化，分区管辖；完善环境信息披露，加强监督；提升地区社会信任，提高企业绿色效率等对策建议，以推动企业积极开展生态创新。

（本章执笔人：廖中举，张梦男）

第 8 章 正式制度与企业生态创新：儒家文化的调节作用

本章在对正式制度进行划分的基础上，探究不同类别的正式制度对企业生态创新的影响作用，以及儒家文化在正式制度影响企业生态创新过程中所起到的调节作用。

8.1 问题提出

随着经济的快速发展，传统高投资、高消费和高排放的生产模式使环境问题日益突出（Liao and Liu，2021），如何缓解经济增长与高能源消耗以及环境恶化之间的冲突是全世界面临的一个挑战（冯敏等，2015），因此企业的绿色行为引起了各国政府的共同关注。生态创新作为"创新驱动"和"绿色发展"的交汇点，被认为是实现环境与经济可持续发展的重要手段，也成为企业未来赢得国际竞争优势的关键要素（Juan，2011）。了解制度环境对企业创新绩效的影响，不仅有利于企业形成创新战略，还有利于企业建立竞争优势（Weng et al.，2021）。然而关于正式与非正式制度对企业生态创新的综合影响的研究却十分有限。已有研究表明，政府制度、经济制度和法律制度这三类正式制度都可以推动企业开展生态创新活动（王为东等，2022；Zhao et al.，2022；Gao and Liu，2023），但这些研究聚焦于探讨正式制度的作用，而忽略了非正式制度在其中的作用。

解决"正式与非正式制度对企业生态创新的影响"这一问题的关键在于，一方面清晰地界定正式制度对企业生态创新的直接影响作用；另一方面明确非正式制度在二者关系中起到的调节作用。鉴于此，本章检验了不同类别的正式制度对企业生态创新的影响作用以及儒家文化的调节作用。本章具有两个方面的贡献：第一，在正式制度的基础上，聚焦于重污染行业的企业，探究了三类正式制度对企业生态创新的影响作用，有利于提高制度理论对企业生态创新的解释力度；第二，探究在不同水平的儒家文化背景下，正式制度对企业生态创新影响作用的变化，有利于拓展文化理论在生态创新领域的应用。

8.2 理论分析和研究假设

8.2.1 正式制度与企业生态创新

1. 政府制度与企业生态创新

政府制度作为制度的重要组成部分,被称作"博弈的规则"(Ostrom,1990)。政府制度是用于维持社会中的政治活动,避免人类遭遇危险与冲突的一系列准则和规范(Scott,1995)。先前的分析表明,尽管国内外学者基于不同的视角,对政府制度的维度有不同的理解,但政府惩罚和税收这两个维度被普遍认可。因此,本章将政府制度划分为环境规制和环境税两个维度。

(1)环境规制与企业生态创新。环境规制被定义为政府政策推动的产物,也是对环境影响的必要回应(Cleff and Rennings,1999)。环境规制作为政府制度的惩罚手段之一,是政府为保护生态环境而制定的一系列政策与措施,旨在约束和规范企业生产和污染排放行为,减少对环境的污染,从而推动生态环境与经济协调发展的一种社会性管理机制(Luo et al.,2023)。环境规制不仅是政府环境政策的工具,同时也是推动生态创新的关键因素(Jaffe et al.,2005)。

环境规制是政府制定的关于环境保护的规则,它作为一个普遍要求,对企业的非绿色生产行为实行限制(Luo et al.,2023)。尽管各种环境监管工具增加了制度合规成本,企业需要在生产过程中支付污染环境的排放费用,从而增加其财政负担,挤压其可用的生态创新资源(Yin et al.,2023),但是适当的环境监管工具可以促进生态创新,从而产生超过环境监管成本的"补偿利益"(Petroni et al.,2019)。此外,政府通过环境规制措施提高企业绿色生产标准和污染处罚力度,将企业环境污染的外部成本内在化(Beise and Rennings,2005),迫使企业改变生产流程,开发污染管理的新方法,实现生态创新转型,弥补企业高质量发展中存在的不足(Jaffe and Palmer,1997)。基于上述内容,本章提出以下假设。

H1a:环境规制对企业生态创新具有促进作用。

(2)环境税与企业生态创新。环境税,又称为"绿色税",它是政府利用税收来解决因市场机制失效造成的外部成本问题(Ng,1983),它的概念是在外部性理论和庇古税理论基础上延伸出来的(Marshall,2009)。经济活动的外部性是环境污染的源泉,排污者理应向政府缴纳一定的税款,以弥补社会成本(Marshall,2009),因此产生了环境税(马杰等,2023)。环境税也是实现环境目标并刺激技术创新和清洁技术发展的一个潜在工具(Karmaker et al.,2021)。

征收环境税通常是为了解决外部性的问题,环境税的法律约束力加强了企业的环境责任,提高了违法行为的风险和成本(王为东等,2022),它将污染排放成本内在化,增加了企业的税收负担。企业为了减少成本和提高效率,通常会寻求创新的解决方案。这种压力激发了企业对新技术和可持续经营方式的探索和采纳,推动了生态创新的发展。由于环境税的主要目标是加强环境外部性的问责制(Liao,2016),这促使企业明确政府对环境保护的决心和态度;如果企业继续保持其原有的生产模式,他们将面临不断增加的环境成本和风险(Eskeland,1994)。此外,环境税鼓励企业提高资源利用效率,减少废弃物的产生。为了减轻税收负担,企业会增加在生态创新方面的投入,从而更加可持续地利用资源。基于上述内容,本章提出以下假设。

H1b:环境税对企业生态创新具有促进作用。

2. 经济制度与企业生态创新

企业在生态创新过程中需要持续获取外部融资,银行信贷作为主要的外部融资来源对企业持续性经营起到了至关重要的作用(Zhu et al.,2021;Benfratello et al.,2008)。然而,传统的信贷主要考虑投资项目的盈利能力和风险,较少关注这些投资项目对环境的负面影响。为了限制高污染和能源消费产业的盲目扩张,增加对清洁生产项目的财政支持,绿色信贷应运而生(Gao and Liu,2023)。绿色信贷作为一种广泛使用的绿色金融工具,旨在通过金融杠杆,限制高能源消费、高污染产业发展等,有效配置资金,实现产业结构调整的目标(程振等,2022;Gao and Liu,2023)。

遵循成本效益的观点认为,由于银行实施的绿色信贷从资源拥挤的角度提高了贷款的环境准入门槛,在一定程度上增加了企业的融资成本和污染控制成本,进而对生态研发投资产生了挤出效应(Hu et al.,2023),降低了企业生产率。在难以获得银行贷款的情况下,即使管理者愿意开展生态创新活动,资金短缺也使其无法进行可持续的生态创新(Kneller and Manderson,2012)。

然而,合理的绿色信贷可以鼓励企业重视研发投资,进行生态创新活动。在综合考虑企业的可持续发展和整体外部环境状况的基础上,生态创新的环境溢出效应往往与银行所追求的符合环境政策和法规相一致,银行会增加对生态项目的支持力度(Gao and Liu,2023)。同时,管理者为了得到更多的外部融资,将改变投资决策,将更多资金用于绿色产品产出,这样的决策既可以改善企业的环境绩效,也可以提高企业的核心竞争力(He et al.,2019)。此外,绿色信贷要求银行为重大节能减排项目提供信贷优惠政策,有效降低研发项目的成本,提高环保项目的投资回报(Li et al.,2018d)。因此,污染企业愿意将有限的资源用于高质量的生态创新活动,提高产品的"绿色"含量,在市场上获得可观的经济回报,抵消严格的金融监管政策对商业活动的不利影响（Chang et al.，2019）。基于上述内容，本章提出以下假设。

H2：绿色信贷对企业生态创新具有促进作用。

3. 法律制度与企业生态创新

知识产权保护强度是决定企业创新垄断收益的关键，是影响研发成本投入的重要因素（Wang et al.，2022a；肖振红和李炎，2022）。从法律供给的角度来看，知识产权政策被视为影响生态创新的一个非常重要的因素，它旨在保护和增加企业的竞争优势（Xia et al.，2023；Delerue and Lejeune，2011）。Menell 和 Scotchmer（2007）将知识产权定义为"赋予发明人或创造者在一段时间内保护其发明的权利"。换句话说，知识产权是一种法律权利体系，它赋予个体或组织对其工作的一些专有权（Barbu and Militaru，2019）。

随着知识产权保护力度的增强，企业创新成果被侵犯的可能性大大降低，它会提高企业的预期收入，从而提高管理者生态创新研发投入的积极性（Lemley and Shapiro，2005）。此外，随着全球对生态环境的关注程度日益提高，知识产权和生态创新之间的关系也得到了广泛研究。现有研究表明，以专利为代表的知识产权是衡量技术吸收能力的主要指标（肖振红和李炎，2022；Lin et al.，2002）。当一家企业拥有许多具有高水平吸收能力的知识产权时，在环境监管越发严格的情况下，企业会适当地理解、组合并创造一个生态过程和产品创新（Zhao et al.，2022）。换句话说，知识产权产生的吸收能力可以有效地缓冲或抵消环境变化对企业绿色转型的影响，从而促进生态创新（Qi et al.，2021）。此外，知识产权可以成为企业间生态技术合作创新的基础，通过明确各方在合作中的知识产权权利和责任，企业更容易达成合作协议，共同推动生态创新。基于上述内容，本章提出以下假设。

H3：知识产权保护对企业生态创新具有促进作用。

8.2.2 儒家文化在正式制度与企业生态创新之间的调节作用

在战略管理、技术创新等领域，文化是常常被提及的一个重要变量（Top et al.，2013；Pedraza-Rodríguez et al.，2023）。其中，儒家文化是中国传统文化的主干（Xu and Duan，2023），它是以儒家学说为指导思想的文化流派，儒家思想被描述为一种传统、一种哲学或者仅仅是一种生活方式（Yao，2000）。儒家文化特别强调家庭和社会和谐的重要性，它的核心是人文主义（Liu et al.，2022）。印记理论强调，企业高管的认知是由生长环境和文化土壤塑造的（Marquis and Lounsbury，2007）。儒家文化作为扎根于中国几千年的传统文化，对企业的生态创新决策具有重大的影响。

1. 儒家文化在政府制度与企业生态创新之间的调节作用

儒家文化中的"仁""义""信"等观念强调对人的价值的关注以及对环境、社会的贡献（Dong and Li, 2023），这就要求企业主动承担社会责任，与自然和谐相处。儒家文化强调人与自然是一个和谐的整体，引导企业主动承担社会责任，尊重和保护自然环境，减少污染物排放（Du, 2015），这与政府采取系列环境规制的目的一致。

在面对环境规制时，儒家文化可以提供一种伦理上的引导，鼓励企业超越法律的最低要求，积极履行对环境的道义责任。在强烈的儒家文化氛围下，企业愿意采取生态友好的经营方式，以实现与自然的和谐共生，它们会积极响应政府政策，采取生态创新措施，塑造企业的良好形象（Du, 2015）。然而，当企业处于薄弱的儒家文化氛围环境中时，企业可能缺乏强烈的伦理责任感，更容易将政府制度视为一种符合政府的要求，而非基于道义和伦理的义务。这可能导致企业仅满足最低政府要求，而不主动追求更高水平的生态创新。同时，薄弱的儒家文化氛围可能导致企业的社会责任意识的缺乏。企业可能更注重狭义的商业目标，而忽视了对社会和环境的更广泛的责任。在这种情况下，企业可能对政府制度的遵守缺乏深刻的认识，从而减弱对生态创新的积极投入。基于上述内容，本章提出以下假设。

H4a：儒家文化会加强环境规制与企业生态创新之间的关系。

环境税所转化的内部污染成本使企业管理者在企业发展过程中主动承担社会责任，成为企业开展生态创新活动的动力之一（Zhao et al., 2022）。儒家文化注重培养个体道德修养以及群体社会责任感（Dong and Li, 2023），在强烈的儒家文化氛围下，企业更容易受到道德的约束，主动承担保护环境的责任。因此，企业更有可能积极响应环境税收，采取生态创新措施。

儒家思想中提倡的"自律"原则培养了企业自我调节的心态（Du, 2015），从而改善了其保护环境的意愿，加强了对外部税收政策的履行程度，进而促进企业的生态创新。同时，环境税作为企业获得利益的一种方式，而儒家文化对"义"的要求会促使企业按照社会广泛接受的规则经营生产，并强调以一种适当的方式获得利益（Yu et al., 2021b）。因此，在儒家文化的影响下，企业更容易满足税收政策的要求，加大生态创新投入。基于上述内容，本章提出以下假设。

H4b：儒家文化会加强环境税与企业生态创新之间的关系。

2. 儒家文化在绿色信贷与企业生态创新之间的调节作用

绿色信贷迫使管理者将更多资金投资于生态产品的产出，而较少关注研发资金的投入程度（Lü et al., 2023a）。儒家倡导的道德价值观对管理者行为具有很强的内在道德约束，可以积极缓解制度冲突，减轻管理者的懒惰或短视现象

(Yu et al., 2021b; Chen et al., 2022), 鼓励管理者开展更多的研发活动, 提高企业的长期价值。

较高的儒家文化会加强企业与银行之间的信任程度, 降低贷款的准入门槛, 提高研发人员的工作稳定性, 加强生态创新团队的凝聚力 (Yu et al., 2021b; Chen et al., 2022)。在强烈的儒家文化氛围下, 企业对风险的承受能力较强, 儒家文化也会激发管理者对研发投资的热情。基于以上分析, 本章提出以下假设。

H5: 儒家文化会加强绿色信贷与企业生态创新之间的关系。

3. 儒家文化在知识产权保护与企业生态创新之间的调节作用

知识产权授予专利所有人专利中包含的知识和其他信息的权利, 为研发成果提供法律保护, 从而降低技术盗窃和模仿的风险 (周荣军, 2020)。部分企业为了应对环境变化带来的挑战, 通常选择"搭便车"的方式来降低高额研发回报的不确定性; 同时, 模仿可以分散生态创新企业的收益, 从而减少对创新的投资 (卞晨等, 2022)。

儒家文化可以鼓励企业投资于研发和创新, 而这些创新往往需要受到知识产权的保护 (徐细雄和李万利, 2019)。同时, 儒家文化强调企业道德, 包括对社会、员工和环境的责任 (邹萍, 2020)。企业若能通过生态创新提高环保水平, 符合儒家文化对道德的期望, 而知识产权的保护则有助于企业在创新中获得回报, 形成一种积极的循环。基于以上分析, 当知识产权保护正向影响企业生态创新时, 儒家文化会加强这种积极效应。因此, 本章提出以下假设。

H6: 儒家文化会加强知识产权保护与企业生态创新之间的关系。

基于对相关文献的分析与推理, 本章共提出了 8 个探索型假设, 涉及模型图 8-1 所示。

8.3 研究设计

8.3.1 样本选择

本章以 2015~2021 年间我国沪深 A 股上市的重污染企业作为研究对象。同时, 为了进一步确保研究的准确性, 剔除可能存在退市风险或财务状况异常的企业、删除了有大量指标数据缺失的企业等。最终, 本章得到 1051 家企业作为研究样本。此外, 本章所使用的上市公司专利申请数据来自壹专利数据库, 环境税数据来自上市公司年报, 国内知识产权审判结案数来自历年的《中国法院知识产权司法保护状况》, 环境规制数据来自《中国环境统计年鉴》, 孔庙数量和宗教数量来自中国研究数据服务平台, 其他数据来自 CSMAR 数据库。

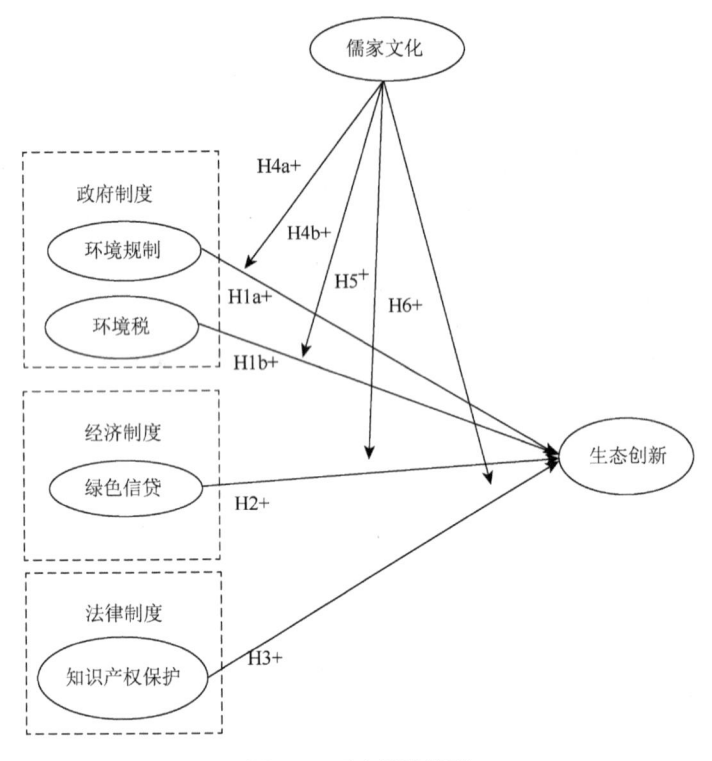

图 8-1　研究假设模型

8.3.2　变量测量与模型构建

1. 被解释变量

根据 Brunnermeier 和 Cohen（2003）、Liao（2020）的研究，本章使用绿色专利的数量来测量企业的生态创新程度。此外，将绿色专利分为发明专利与实用新型专利，本章进一步使用绿色发明专利来衡量企业生态创新水平（Liao，2020）。

2. 解释变量

基于陈宇科等（2022）、Morgenstern 等（2002）的研究，本章选取省级层面工业污染治理完成投资额与工业增加值的比值测量环境规制；同时，根据何吾洁等（2020）、Wang 和 Yu（2021）的研究，使用环保税和企业实际缴纳排污费测量环境税。

在发展中国家，银行体系是一家企业的首要外部资本来源（Beck et al.，2008）。基于刘华珂和何春（2021）的研究，同时受到城市层面数据资料的限制，本章采用企业所在省份环保项目信贷总额与全省信贷总额的比值来测量绿色信贷。

在环境保护方面，法律制度下的产权保护和环境法规也被学者广泛提起（North，1990；廖中举等，2023），本章首先计算地方知识产权审判结案数与地区生产总值的比值，接着计算国内知识产权审判结案数与GDP的比值，最后将两部分数据相比来测量地区知识产权强度。

3. 调节变量

基于Liu等（2022）、卢宏亮等（2023）、Liao等（2019a）的研究，本章选取企业半径100km之内的孔庙数量与该省份人口数量的比值并加1取对数来测量儒家文化。

4. 控制变量

基于Liao等（2019b）、Xie等（2019a）、Tang等（2018）的研究，本章选取企业规模、资产净利润率、资产负债率、独立董事占比和两职合一程度作为控制变量。具体变量定义和测量，如表8-1所示。

表8-1 具体变量定义和测量

变量类型	变量名称符号/符号		变量说明
被解释变量	EcoInv		生态创新水平=企业绿色专利申请数量
解释变量	政府制度	ER	环境规制强度=工业污染治理完成投资额/工业增加值
		ET	环境税=环保税和企业实际缴纳排污费
	经济制度	GC	绿色信贷=该省环保项目信贷总额/全省信贷总额
	法律制度	EPR	知识产权保护=（地方知识产权审判结案数/地区生产总值）/（国内知识产权审判结案数/GDP）
调节变量	Cul		儒家文化程度=ln（企业半径100km之内的孔庙数量/该省份人口数量+1）
控制变量	Sale		企业规模：年总资产的自然对数
	Roa		资产净利润率：净利润/总资产
	LEV		资产负债率：年末总负债/年末总资产
	Indep		独立董事占比：独立董事/董事总人数
	Dual		两职合一程度：董事长和总经理是同一个人为1，否则为0

8.4 数据分析与实证结果

8.4.1 描述性统计

本章所涉及的变量的描述性统计，如表8-2所示。

表 8-2 描述性统计

变量	均值	标准差	EcoInv	ER	ET	GC	EPR	Cul	Sale	Roa	LEV	Indep	Dual
EcoInv	0.172	0.684	1.000										
ER	0.153	0.136	0.122***	1.000									
ET	0.053	0.111	0.248***	0.006	1.000								
GC	0.044	0.004	0.073***	-0.366***	0.018	1.000							
EPR	0.014	0.010	0.084***	-0.445***	-0.040***	0.479***	1.000						
Cul	0.009	0.008	-0.025	-0.051***	0.075***	0.007	-0.166***	1.000					
Sale	21.570	3.343	0.066***	-0.092***	0.225***	0.114***	0.096***	0.131***	1.000				
Roa	0.043	0.066	0.011	-0.072***	0.081***	0.056***	0.071***	-0.006	0.110***	1.000			
LEV	0.370	0.203	0.080***	0.046***	0.250***	0.010	-0.052**	0.060***	0.380***	-0.305***	1.000		
Indep	37.294	4.973	-0.007	-0.043***	-0.009	-0.019	0.023	0.022	0.016	0.001	0.027*	1.000	
Dual	0.311	0.463	-0.044***	-0.131***	-0.084***	0.060***	0.109***	0.041**	-0.034**	0.046**	-0.111***	0.072***	1.000

* $p<0.1$，** $p<0.05$，*** $p<0.01$。

从表 8-2 中可以看出，企业生态创新的均值为 0.172；环境规制、环境税、绿色信贷和知识产权保护的均值分别为 0.153、0.053、0.044 和 0.014；儒家文化的均值为 0.009。同时，环境规制、环境税、绿色信贷、知识产权保护分别与企业生态创新之间存在显著的正相关关系。此外，VIF 的平均值为 1.25（小于 10），证明模型不存在严重的多重共线性问题。

8.4.2 基本回归结果

正式制度对企业生态创新的影响作用结果，如表 8-3 所示。

表 8-3 正式制度对企业生态创新的影响作用结果

变量		模型 1	模型 2	模型 3	模型 4	模型 5
解释变量	ER		1.007***	1.012***	1.003***	0.987***
	ET			0.716***	0.723***	0.751***
	GC				8.406**	7.374*
	EPR					5.267**
控制变量	Sale	0.003	0.004	0.004	0.005	0.005
	Roa	−0.100	−0.123	−0.205	−0.206	−0.216
	LEV	0.039	0.009	−0.005	−0.017	−0.029
	Indep	−0.004	−0.003	−0.003	−0.003	−0.003
	Dual	−0.035	−0.041	−0.043	−0.043	−0.044
常数项		0.203	−0.100	−0.116	−0.457**	−0.446*
年份/个体		控制	控制	控制	控制	控制
观测值		4139	4139	4139	4139	4139
R^2		0.015	0.045	0.086	0.087	0.010
F 值		3.89***	8.84***	8.87***	8.53***	8.25***

*$p<0.1$，**$p<0.05$，***$p<0.01$。

模型 1 仅包含控制变量；模型 2～模型 5 在控制变量的基础上依次加入解释变量，即环境规制、环境税、绿色信贷和知识产权保护。模型 5 的结果显示，环境规制（$\beta=0.987$，$p<0.01$）、环境税（$\beta=0.751$，$p<0.01$）、绿色信贷（$\beta=7.374$，$p<0.1$）和知识产权保护（$\beta=5.267$，$p<0.05$）均对企业生态创新有显著的正向影响作用，因此，假设 H1a、H1b、H2 和 H3 成立。

8.4.3 稳健性检验

1. 更换被解释变量

根据 Lian 等（2022）、Li 等（2023c）的研究，本章将绿色专利授权数量作为生态创新的替代变量，具体结果如表 8-4 中的模型 6~模型 10 所示。可以发现，回归结果与主回归结果一致，说明基准回归结果稳健。

表 8-4 稳健性检验

变量		模型 6	模型 7	模型 8	模型 9	模型 10
解释变量	ER	0.822***	0.828***	0.812***	0.784***	1.000***
	ET		0.816*	0.830*	0.878**	0.734***
	GC			16.473**	14.718*	7.483*
	EPR				8.958*	5.144**
控制变量	Sale	0.000	0.000	0.001	0.001	0.004
	Roa	0.501	0.408	0.407	0.390	−0.205
	LEV	0.676***	0.661***	0.636***	0.617***	−0.020
	Indep	0.001	0.001	0.001	0.001	−0.003
	Dual	0.020	0.018	0.017	0.016	−0.044
常数项		0.000	−0.018	−0.686	−0.668	−0.033
年份/个体		控制	控制	控制	控制	控制
行业		未控制	未控制	未控制	未控制	未控制
观测值		4139	4139	4139	4139	4139
R^2		0.079	0.111	0.112	0.118	0.044
F 值		29.01***	27.07***	25.50***	24.07***	4.91***

* $p<0.1$，** $p<0.05$，*** $p<0.01$。

2. 控制行业随时间变化

在前文的回归模型中，本章已考虑并控制了时间固定效应和个体固定效应可能对结果产生的影响。然而，随着时间的推移，行业的内部系统结构及其外部环境会经历动态的变化（Amore et al., 2017），这会导致不同行业在时间序列的发展过程中出现差异，并进一步影响企业的生态创新。为了降低这一因素对研究结论的影响，本章在进一步分析中，对各个行业随时间的变动差异进行了控制。具体模型结果如表 8-4 中的模型 10 所示。结果表明，在充分考虑行业因素造成的影响后，结论依然稳健。

8.4.4 异质性检验

不同地区和不同股权性质的企业之间存在较大的差异,为了具体分析不同情况下的影响差异,本章根据地区和股权性质进行分组,进一步通过实证分析研究正式制度的异质性影响。

1. 地区异质性

表 8-5 的地区异质性部分展示了分地区回归的结果。在东部地区和中部地区的样本中可以发现,环境规制和环境税对企业生态创新的影响仍是显著的,而绿色信贷和知识产权保护则呈现出不显著的结果。在西部地区的样本中可以发现,尽管环境规制、环境税和绿色信贷对企业生态创新的影响是显著的,但环境税的影响是负向的,这可能是受市场化程度偏低的影响,环境税难以发挥出有效的作用。在东北地区的样本中可以发现,只有环境税对企业生态创新的影响是正向显著的,其他正式制度均不显著,这可能是因为东北地区市场对生态创新的需求相对较低,企业缺乏主动进行生态创新的动力。

表 8-5 异质性检验

变量		地区异质性				股权性质异质性	
		东部	中部	西部	东北	国有	非国有
解释变量	ER	0.778**	0.668**	1.850***	−0.539	1.521***	0.695***
	ET	1.159***	1.673***	−5.046***	9.526***	0.564	1.187***
	GC	−3.416	7.416	34.839***	19.938	19.574*	2.418
	EPR	1.864	−5.426	3.667	−0.197	5.917	6.960**
控制变量	Sale	0.012**	−0.005	−0.016	−0.001	−0.008	0.003
	Roa	−0.189	−0.103	−0.336	−0.632	−0.377	−0.134
	LEV	−0.146	0.239	0.234	0.041	0.025	−0.039
	Indep	0.003	−0.010*	−0.022**	0.025	−0.016**	0.004
	Dual	−0.072	0.031	0.024	−0.075	0.006	−0.036
常数项		−0.305	−0.042	−0.522	−1.832*	−0.704	−0.436*
年份/个体		控制	控制	控制	控制	控制	控制
观测值		2497	734	657	251	1141	2998
R^2		0.082	0.175	0.011	0.264	0.111	0.082
F 值		5.98***	5.03***	6.80***	5.21***	3.50***	5.57***

* $p<0.1$, ** $p<0.05$, *** $p<0.01$。

2. 股权性质异质性

表 8-5 的股权性质异质性部分展示了分股权性质回归的结果。在国有企业中，环境规制和绿色信贷对企业生态创新具有显著的正向影响，而环境税和知识产权保护对企业生态创新的影响作用并不显著。这可能是因为国有企业可能面临来自政府、股东和其他利益相关者的短期经济压力，要求迅速实现经济回报。在这种情况下，企业可能更倾向于采取传统的经济活动而非投入资金进行生态创新，尤其是当环境税对企业利润产生负面影响时。同时，国有企业可能更关注技术的快速推广和产业的迅速发展，相对较少关注知识产权的保护。在这种情况下，企业可能对知识产权保护的需求不高，导致知识产权保护对企业生态创新的影响不显著。在非国有企业中，环境规制、环境税和知识产权保护对企业生态创新具有显著的影响，而绿色信贷的影响作用则不显著。这可能是因为，相比国有企业，银行在对非国有企业进行风险评估和信用评级的过程中，可能认为环保项目的风险相对较高，可能不愿意提供足够的绿色信贷，或者要求更高的利率，使企业难以获得足够的资金支持生态创新项目。

8.4.5 调节作用检验

儒家文化的调节作用的检验结果，如表 8-6 所示。

表 8-6 儒家文化的调节作用的检验结果

变量	生态创新			
	模型 11	模型 12	模型 13	模型 14
ER	1.357***			
ET		−2.532***		
GC			1.583	
EPR				2.600
Cul	10.250*	−7.255	−33.468**	−0.462
Cul×ER	−43.101***			
Cul×ET		227.558***		
Cul×GC			841.613**	
Cul×EPR				635.532***
控制变量	控制	控制	控制	控制
常数项	−0.255	0.512***	0.497	0.299*
年份/个体	控制	控制	控制	控制

续表

变量	生态创新			
	模型 11	模型 12	模型 13	模型 14
观测值	4139	4139	4139	4139
R^2	0.051	0.004	0.012	0.014
F 值	8.81***	11.35***	3.82***	4.48***

*$p<0.1$，**$p<0.05$，***$p<0.01$。

模型 11~模型 15 分别代表儒家文化在正式制度影响企业生态创新中的调节作用。结果显示，儒家文化在环境税、绿色信贷和知识产权保护与企业生态创新之间起到显著的正向调节作用，影响系数分别为 227.558（$p<0.01$）、841.613（$p<0.05$）和 635.532（$p<0.01$），而对环境规制与企业生态创新之间的关系起到了负向调节作用。因此，假设 H4b、H5 和 H6 成立，假设 H4a 不成立。

8.5 结论和讨论

8.5.1 结论

本章以制度理论、文化理论等作为理论基础，深入探究了正式制度对企业生态创新的影响以及儒家文化的调节作用，主要得到以下研究结论。

（1）环境规制和环境税均对企业生态创新具有显著的正向影响作用。高环境规制迫使企业寻找更环保、可持续的解决方案，因此，在动态环境下，环境规制可以激励企业采用新的技术、工艺和材料，从而推动生态创新。同时，环境税的法律约束力加强了企业的环保责任，提高了违法行为的风险和成本（Zhao et al.，2022），它将污染排放成本内在化，增加了企业的税收负担。企业为了减少成本和提高效率，通常会寻求创新的解决方案。这种压力激发了企业对新技术和可持续经营方式的探索和采纳，推动了生态创新的发展。所以，适当的环境规制和环境税可以促使企业开展生态创新活动。

（2）经济制度对企业生态创新具有显著的正向影响作用。合理的绿色信贷可以鼓励企业重视研发投资，进行生态创新活动。在综合考虑企业的可持续发展和整体外部环境状况的基础上，生态创新的环境溢出效应往往与银行所追求的符合环境政策和法规相一致，银行会加大对生态项目的支持力度（Su et al.，2022）。因此，污染企业愿意将有限的资源用于高质量的生态创新活动，提高产品的"绿色"含量，在市场上获得可观的经济回报，抵消严格的金融监管政策对商业活动的不利影响。

（3）法律制度对企业生态创新具有显著的正向影响作用。当一家企业拥有许多具有高水平吸收能力的知识产权时，在环境监管越发严格的情况下，它会适当地理解、组合并创造一个生态过程和产品创新（Beise and Rennings，2005）。换句话说，知识产权保护产生的吸收能力可以有效地缓冲或抵消环境变化对企业生态转型的影响，从而促进生态创新（Yin et al.，2023）。

（4）儒家文化在环境税、绿色信贷和知识产权保护与企业生态创新之间起到了显著的正向调节作用，在环境规制与企业生态创新之间起到了显著的负向调节作用。传统儒家文化中，尊重权威和从众是重要的价值观（徐细雄和李万利，2019）。如果政府和社会对环境规制和生态创新持相对保守的观点，企业可能更倾向于遵循这些观点，而不是主动参与环保行动。儒家文化中的核心价值观有助于建立一种积极向上和负责任的企业文化，推动企业在制度层面和实际经营中更好地融入生态创新的理念，确保资源和责任的公平分配，防止对环境资源的滥用，从而取得更好的社会和经济效益。

8.5.2　研究不足和未来展望

由于受到主观和客观因素等的限制，本章仍然具有一定的局限性。因此，未来的研究需要进一步丰富与完善。具体而言，本章在以下两个方面存在不足。

（1）变量的测度。本章结合大量的文献和以往的研究成果确定变量的测量方式，但较多变量是基于省份的数据，而不是企业自身的数据，这可能会掩盖企业内部的个体差异。企业内部可能存在不同规模、行业、管理水平等差异，而基于省份的数据可能无法捕捉到这些微观层面的变化，从而限制了对企业个体差异的理解。同时，由于省份内存在多个变量和影响因素，很难断定某个变量是否是实验因素导致的结果，因为可能存在其他未控制的变量。

（2）样本的选择。本章集中于制造业企业和重污染企业的上市公司，尽管有效样本满足了数据分析的要求，但仍然存在一些局限性。一方面，由于研究对象的特殊性，研究结果的泛化性可能受到影响。制造业企业和重污染企业的特殊属性可能导致研究结果难以适用于其他行业或清洁生产领域。另一方面，尽管有效样本满足数据分析的要求，但样本量仍可能影响研究的统计效力。更大规模的样本可能有助于更全面地理解和验证研究的结论。此外，研究局限于上市公司，可能无法完全反映非上市企业的情况，从而在研究结果的全面性上存在不足。为了提高研究的外部有效性和泛化性，未来的研究可以考虑扩大样本范围，涵盖更多行业和企业类型，并结合上市和非上市企业的数据，以更全面地了解制造业和重污染企业在生态创新方面的行为和影响。

8.6 本章小结

为了检验正式制度与儒家文化如何对企业生态创新产生影响，本章将正式制度分为政府制度、经济制度和法律制度，选择儒家文化作为非正式制度的代表，展开了深入的研究。通过对1051家沪深A股上市的重污染企业2015~2021年的相关数据进行实证分析，结果发现，正式制度能够对企业生态创新具有显著的正向影响，儒家文化会起到一定的调节作用。

（本章执笔人：廖中举，刘晓蝶）

第 9 章 正式制度与企业生态创新角色选择：儒家文化的调节作用

第 8 章通过实证分析检验了正式制度与儒家文化对企业生态创新行为的影响，本章将进一步剖析正式制度与儒家文化对不同类型的生态创新者的影响。其中，本章将企业划分为四种不同类型的生态创新者，以期为企业在生态创新战略的制定和实施中提供更为有效的理论指导。

9.1 问题提出

在过去的几十年里，不可逆转的气候变化、环境污染和日益严重的资源短缺成为社会关注的主要问题（He et al.，2018）。在这一背景下，企业在面对日益严峻的环境挑战时，迫切需要寻找并采用创新性的解决方案，以实现经济效益与生态可持续性的平衡。作为制度的两个关键方面，正式制度和非正式制度对企业生态创新的行为决策具有深远的影响。

生态经济已成为一种新的全球经济发展趋势，企业逐渐意识到在经济活动中积极响应可持续发展的重要性。然而，不同的企业可能在生态创新方面采取不同的角色和策略。有些企业致力于成为"真实型生态创新者"，通过在产品、过程和管理方面的创新，引导企业以生态有效的方式获取可持续的竞争优势（Huang et al.，2016）；而有些企业可能更倾向于成为"模仿型生态创新者"或"伪装型生态创新者"，通过单纯模仿其他企业的生态产品获取经济价值或是积极投入研发资金而忽略了生态创新。在这一选择过程中，正式制度和非正式制度都可能发挥至关重要的引导和规范作用。

正式制度，通过法律法规和政策的制定，不仅规定了企业在环境保护方面的义务和责任，同时也为企业提供了相应的支持和激励措施（Liao，2018a）。然而，正式制度的作用并非如此单一，在正式制度的实施过程中，正式制度往往受到非正式制度的调节和影响（廖中举等，2023）。例如，一些企业可能因其强烈的环保文化而愿意成为"真实型生态创新者"，而另一些企业则可能在非正式制度的影响下，更倾向于采取谨慎观望的态度。因此，通过更深入地了解正式制度与非正式制度如何影响企业在生态创新中的角色选择，深入挖掘这些制度对企业的双重影响，不仅可以更好地理解企业在面对环境压力时的行为逻辑和决策机制，也可以对整个社会生态环境的改善产生积极的推动作用。因此，在这一研究背景下，本章将以"正式制度对企业选择成为不同类型的生态创新者的影响"为核心主题，探讨儒家文化在这一过程中的调节作用。

9.2 理论分析和研究假设

9.2.1 正式制度与企业生态创新角色选择

1. 政府制度与企业生态创新角色选择

1）环境规制与企业生态创新角色选择

环境规制是政府制定的关于环境保护的规则，可以激发企业从事生态创新的意愿（Yin et al., 2023; Cainelli et al., 2020）。环境规制往往要求企业在产品和服务的开发过程中积极采用环保技术和方法，以减少对环境的不良影响，受规制影响的企业更有动力投入生态技术研发，以满足或超越法规的环保要求。同时，模仿型生态创新者通常依赖于模仿其他企业生产的环保产品来塑造环保形象，而不进行实质性的资金投入和绿色研发，当企业受到明确的规制要求时，企业可能意识到仅依赖模仿并不能满足政府对生态创新的要求，因此更有动力转向真实型生态创新者，即通过自主的生态技术研发来满足政府的要求。

基于波特假说，以往的研究试图阐明环境规制与研发投入之间的关系。例如，Kneller 和 Manderson（2012）从制度创新的角度出发，发现受到严格规制的企业可能会努力改进技术和设备，以满足现有制度体系的要求，因此，严格的环境规制将导致企业投入更多的研发活动；基于环境责任的角度，Blackman 等（2010）提出当对企业的环境治理施加更多压力时，它就倾向于从研发部门中寻求创新，因此会加大资金和人力的研发投入。此外，基于激励的环境监管由于其灵活性，赋予企业充分的自主权，确保企业充分发挥主动性，企业可能会更加注重真实的环保效益，避免仅追求外表的环保形象（Peng et al., 2021）。这一趋势将会减少虚假型生态创新者和伪装型生态创新者的存在，使企业更加注重成为真实型生态创新者。基于此，本章提出如下假设。

H1a：环境规制使企业成为真实型生态创新者，而不是模仿型生态创新者。

H1b：环境规制使企业成为真实型生态创新者，而不是虚假型生态创新者。

H1c：环境规制使企业成为真实型生态创新者，而不是伪装型生态创新者。

2）环境税与企业生态创新角色选择

环境税作为一种基于价格间接补贴的手段，可以实现企业生产过程中引发的外部环境成本内部化，降低企业税负，从而激励企业积极投入研发创新活动（王遂昆和郝继伟，2014）。环境税作为专门针对环境行为进行"成本管理"的税收方式，主要针对企业进行征收，势必对企业的发展战略和生产方式产生深远影响（梁晓源和谭跃，2020）。

从研发投入的角度出发，企业致力于通过技术创新投入提升治污能力和产品科技含量，这旨在抵消环境税对经营收益的不利影响。随着市场需求向环保产品的转变，环境税提高了高污染产品的成本，迫使企业为了降低成本而强调环保产品的生产，加大研发投入，这一举措有助于企业更好地适应市场趋势，提高环保产品的竞争力（傅诗雯和陈志强，2023）。

从绿色产出的角度出发，税收激励的目标是鼓励个人或企业采取特定的行动或投资来减轻税收负担或提供税收优惠（Zhao et al.，2024）。绿色产出需要大量的财政和人力资源，面对高成本的研究和开发，政府可以通过降低税率来调节企业压力（Branstetter et al.，2023）。在较低的税率下，企业可以在商业经营、投资和材料购买方面享受一系列的减税，从而使节省下来的收入可以投资于研发。其中，从资源稀缺和缓解融资限制的角度，Bellucci 等（2023）也验证了税收激励在企业创新中的积极作用。

综上，政府通过实施环境税，为真实型生态创新者提供了更具竞争力的环境。相较于依赖模仿的企业，真实型生态创新企业可以缴纳更少的税。同时，通过实施环境税政策，企业也会受到社会的积极评价，而积极的评价有助于企业树立可信赖的环保形象，进而提升企业竞争优势，降低企业成为虚假型生态创新者和伪装型生态创新者的可能性。因此，本章提出如下假设。

H1d：环境税使企业成为真实型生态创新者，而不是模仿型生态创新者。
H1e：环境税使企业成为真实型生态创新者，而不是虚假型生态创新者。
H1f：环境税使企业成为真实型生态创新者，而不是伪装型生态创新者。

2. 经济制度与企业生态创新角色选择

绿色信贷通过指导资金配置，在生态环境治理中发挥着重要作用（Lü et al.，2023a）。绿色信贷通过灵活地调整环境污染的机会成本，进而达到促进企业生态创新的目的（Wang et al.，2022a）。同时，由于银行具有信息优势，为企业提供绿色信贷本身就在向外部投资者传递关键的信号，银行的监督也会限制企业的逆向选择和道德风险行为（于波，2021）。因此，绿色信贷会增强企业主动开展绿色转型的意愿，以抵消严格的金融监管政策对开展高质量生态创新活动的潜在不利影响。

从研发投入来看，环保企业通常利用绿色信贷来进行技术投资（Li et al.，2023a）。一方面，丰富的人力资源和良好的融资渠道保证了大型企业研发活动的成功（Guoping et al.，2015），大型环保企业在获得绿色信用后，对生态创新更加充满热情；另一方面，在漫长的研发周期中，企业需要在研发上投入大量资金，以确保创新活动的顺利进行，而绿色信贷可以降低企业的研发活动成本。因此，在绿色信贷的支持下，企业更愿意投入大量的研发资金。

在绿色信贷政策的环境下，由于模仿可能无法充分获得金融激励，模仿型生态创新企业将更为谨慎，降低了企业成为模仿型生态创新者的可能性。基于上述分析，提出如下假设。

H2a：绿色信贷使企业成为真实型生态创新者，而不是模仿型生态创新者。

H2b：绿色信贷使企业成为真实型生态创新者，而不是虚假型生态创新者。

H2c：绿色信贷使企业成为真实型生态创新者，而不是伪装型生态创新者。

3. 法律制度与企业生态创新角色选择

新制度经济学认为产权具有激励约束、外部性内在化以及资源配置功能，产权制度通过对资源使用决策的影响来影响经济绩效（Carney and Gedajlovic，2002）。在此框架下，知识产权保护通过减少研发者收益的不确定性和内化外部性，实现对研发资源的合理配置，从而对生态创新绩效产生深远影响（肖振红和李炎，2022）。

政府现在对企业的知识产权能力有更高的标准和期望，这反过来又鼓励企业优先投资自己的知识产权能力。因此，企业必须增加研发资本投资和人力资本积累，以提高自身的研发能力（Xia et al.，2023）。同时，知识产权保护政策促进了创新人才和资本的增长，增加了创新活动的知识元素的供应，并为企业吸引了研发资源。在知识产权受到较强保护的环境中，企业更有信心和动力投入真实的生态创新活动，因为其创新成果能够得到更好的保护，避免被他人模仿。同时，生态创新也需要其他相关行业所需的知识（Kemp and Oltra，2011）。生态创新强调知识创造机制的相关性，要求企业考虑对内部知识的管理与运用（Zhang et al.，2020）。此外，强有力的知识产权保护减少了其他企业模仿生态创新的可能性，也要求企业提高对真实性和透明度的追求，因此减缓了企业选择成为模仿型生态创新者、虚假型生态创新者和伪装型生态创新者的趋势。在受到强烈保护的知识产权环境下，企业更注重实质性的生态创新，以确保其创新成果在市场上得到长期保护。基于此，本章提出如下假设。

H3a：知识产权保护使企业成为真实型生态创新者，而不是模仿型生态创新者。

H3b：知识产权保护使企业成为真实型生态创新者，而不是虚假型生态创新者。

H3c：知识产权保护使企业成为真实型生态创新者，而不是伪装型生态创新者。

9.2.2 儒家文化在正式制度与企业生态创新角色选择之间的调节作用

1. 儒家文化在政府制度与企业生态创新角色选择之间的调节作用

儒家文化注重个体和组织的道德责任，强调长远、可持续的发展观念（邹萍，2020）。在面对政府制定的相关政策时，儒家文化可能使企业更倾向于遵循环境规制，主动履行社会责任，而不仅仅是追求短期经济利益。这有助于企业更积极地选择成为真实型生态创新者，即进行绿色研发并产出绿色专利，以实现可持续发展的目标。同时，基于利益相关者理论，在环境规制和环境税政策下，企业更注重与政府、社会和其他利益相关者之间的合作关系，试图通过与各方共同合作努力来实现环境的可持续性（Freeman，1994）。这种合作取向可能促使企业更倾向于选择成为真实型生态创新者，以便在社会关系中获得更积极的反响。此外，在环境税政策框架的影响下，企业可能受到儒家文化对全面发展和创新的干预，更愿意投入绿色研发，以提升企业的环保水平，这同样有助于企业更积极地选择真实型生态创新角色。

总体而言，儒家文化可能在政府制度与企业选择成为真实型生态创新者之间发挥积极的调节作用，使企业更加注重合规、合作和创新，进而推动企业向真实型生态创新者的方向发展。基于此，本章提出如下假设。

H4a：儒家文化在环境规制与企业选择成为真实型生态创新者之间起到正向调节作用。

H4b：儒家文化在环境税与企业选择成为真实型生态创新者之间起到正向调节作用。

2. 儒家文化在经济制度与企业生态创新角色选择之间的调节作用

儒家文化强调社会和谐与人际关系，促使企业更愿意与金融机构开展合作关系，共同致力于社会可持续发展（邹萍，2020）。基于利益相关者理论（Freeman，1994），获得机构绿色信贷支持的企业可能更积极地与金融机构进行沟通，寻求合作机会，以支持企业蓬勃发展，侧面推动企业开展生态创新行动，并致力于成为真实型生态创新者，实现经济发展与环境保护的共赢。儒家文化还强调长远可持续发展，使企业更注重绿色信贷的利用与生态创新的结合，以实现企业自身的可持续发展目标，这将会导致企业更倾向于选择采取真实型生态创新行为，从而在环保领域做出更具深度和广度的贡献。此外，儒家文化强调教育培养人才，可能推动企业注重员工的环保素质培养，提升组织环保文化价值观的建立（邹萍，2020）。同时，在绿色信贷的支持下，企业为了达到信贷所要求的目标而更加关注员工的环保意识和专业技能的提升，更好地适应生态创新的需求。基于此，本章提出如下假设。

H5：儒家文化在绿色信贷与企业选择成为真实型生态创新者之间起到正向调节作用。

3. 儒家文化在法律制度与企业生态创新角色选择之间的调节作用

儒家文化注重全面发展和创新，尊重知识的积累和传承（徐细雄和李万利，2019）。在儒家文化的影响下，企业可能更加重视对知识产权的保护，以鼓励内部创新，这有助于企业更积极地选择成为真实型生态创新者，即进行生态研发并产出绿色专利。同时，儒家文化强调社会责任感和道德伦理感，企业可能在面对知识产权问题时更加注重公共利益。在知识产权保护的运行过程中，企业倾向于平衡自身利益与社会的公正需求，这有助于企业更谨慎地选择真实型生态创新，以在社会责任层面表现出对环境和可持续发展的关注。

总体而言，儒家文化可能通过强调创新和社会责任，在知识产权保护与真实型生态创新企业之间起到积极的调节作用。因此，本章提出如下假设。

H6：儒家文化在知识产权保护与企业选择成为真实型生态创新者之间起到正向调节作用。

基于对相关文献的分析与推理，本章一共提出了 12 个主效应假设和 4 个调节效应假设，研究模型如图 9-1 所示。

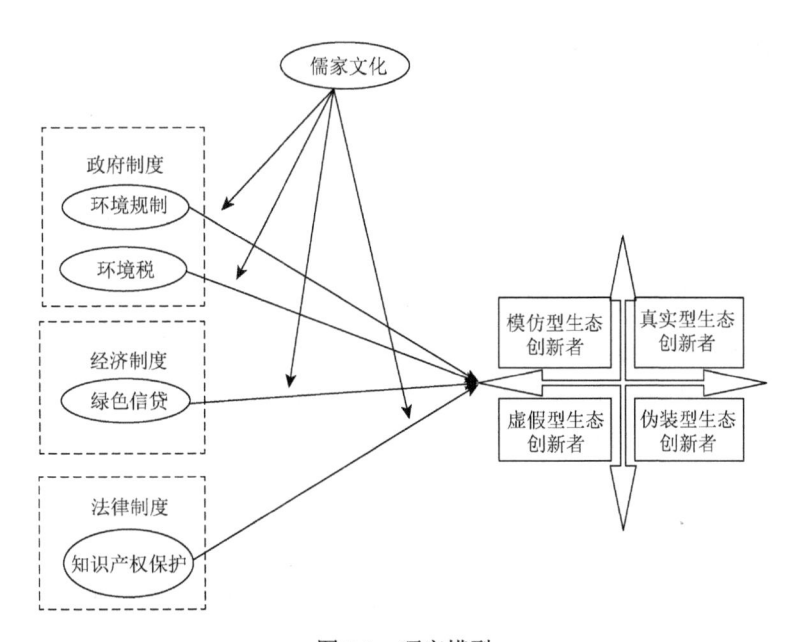

图 9-1　研究模型

9.3　样本选取、数据来源和方法

9.3.1　数据来源

本章采用的样本数据是 2016~2021 年我国沪深 A 股上市公司中制造行业的企业。数据来源如下：绿色专利质量的数据来源于 Google Patent，根据 Google Patent 获得的专利被引用信息情况，以年度为单位剔除专利自引用次数，根据计算各年度的累计被引用次数得到数据集；研发投入数据主要来自巨潮资讯网，深圳证券交易所和上海证券交易所作为补充，该项数据由手工整理得到；孔庙数据来自中国研究数据服务平台；其他数据来自 CSMAR 数据库、国家知识产权局、《中国统计年鉴》、各省的统计年鉴、Wind 等数据库。

在预处理阶段，剔除了非正常交易上市的公司以及资产负债率小于 0 或大于 1 的企业。在缺失值处理阶段，缺少数据的样本企业则通过删除来处理。本章还对数据进行了上下 1%的缩尾处理。最终得到 2802 家企业、14 714 个独立样本。

9.3.2　企业生态创新角色分类

1. 矩阵分析法

矩阵最早由 19 世纪的英国数学家凯利提出，矩阵分析法是一种对多元素组合进行分析的常用方法（段光等，2005）。作为经济管理的重要决策工具之一，矩阵分析法是现代企业管理的热门分类方法。其中，波士顿矩阵和麦肯锡矩阵作为知识推进和增长的基础（Baum et al.，2013），最常用于企业管理领域的研究。如何有效利用这两类矩阵，是现代企业管理领域中管理者和学者研究的热点。

2. 矩阵分析法在创新中的应用

创新的类型根据企业的需要有不同的分类，而创新的结果又取决于创新的类型（Chen S L and Chen K L，2023；Kogabayev and Maziliauskas，2017）。企业的创新投入和产出是企业绩效的关键，基于此，Assink（2006）、Lichtenthaler（2016）和 Kovacs 等（2019）相继提出了相关创新矩阵。

Lichtenthaler（2016）基于创新的技术重点和新颖性，确立了"服务-商业模型"矩阵（独立的服务模式创新、综合性创新、微不足道的创新和独立的商业模型创新）。基于企业业绩，Assink（2006）提出了"技术-市场"矩阵，将创新分为破坏型、突破型、增量型和颠覆型四种；Chen S L 和 Chen K L（2023）也运用了同样的矩阵。

基于分类分析和文献耦合的方法，Kovacs 等（2019）提出了"新颖-影响"矩阵，将创新分为激进型、不连续型、破坏型和突破型四类。Weng 等（2021）从制度的角度出发，提出"研发活动-新产品"矩阵，将企业分为真实型、模仿型、虚假型和伪装型四类。

综上，矩阵分析法作为创新的重要分类方法，受到了广泛重视和研究。然而，由于学者的出发视角不同，创新企业被分为不同的类别，但究其根本，都出自创新的投入和产出两个维度。

3. 分类过程

1）坐标选择

自熊彼特以来，创新一直被看作产生经济价值最重要的驱动力之一（Zhang and Walton，2017；Ben Arfi et al.，2018）。研发投资是生态创新的重要驱动力，也是影响生态创新绩效的重要因素（Fan and Teo，2022）。Shi 和 Yang（2022）、Jiang 等（2018）发现，研发支出在创造新的环保产品和技术，以及促进生态创新方面发挥着重要作用。例如，Shi 和 Yang（2022）从政治制度治理、经济制度治理和法律制度治理三个角度探讨了研发投入对中国生态创新能力的影响，并发现二者之间具有明显的双阈值差异；Jiang 等（2018）从行业和地区两个维度探讨了研发投入和创新之间的关系，并发现研发投入对企业创新具有显著的积极影响。

绿色专利是生态创新产出的重要表现形式之一。自 Lanjouw 和 Mody（1996）首次将专利数据引入绿色技术创新的研究以来，该领域的研究已经取得了建设性的成果。例如，Hao 和 He（2022）以绿色专利数据来测量生态创新，并发现企业社会责任表现对企业的绿色专利申请和授予金额有显著的积极影响；Chen S L 和 Chen K L（2023）根据中国绿色专利申请数据，构建绿色技术应用数量的变化模型，以此来反映专利对绿色创新的影响。

基于生态创新的双重外部性和波士顿矩阵，本章按照"投入-产出"的维度将生态创新企业分为四类。根据上文对生态创新的投入产出分析，本章使用研发投资金额作为生态创新的投入变量，绿色专利作为生态创新的产出变量，具体分类如图 9-2 所示。

2）分类结果

本章将生态创新企业按照绿色专利产出和研发资金投入分为四类，其中，真实型生态创新企业是指既投资于研发活动，又有高质量的绿色专利产出的企业；模仿型生态创新企业是指缺少研发投入，但却通过依靠其他企业技术或模仿市场上的绿色产品而拥有高质量的绿色专利的企业；虚假型生态创新企业是既缺少相关研发投入，又没有高质量的绿色专利产出的企业；伪装型生态创新企业是指正在努力研发，但尚未产出任何绿色产品或服务的企业。

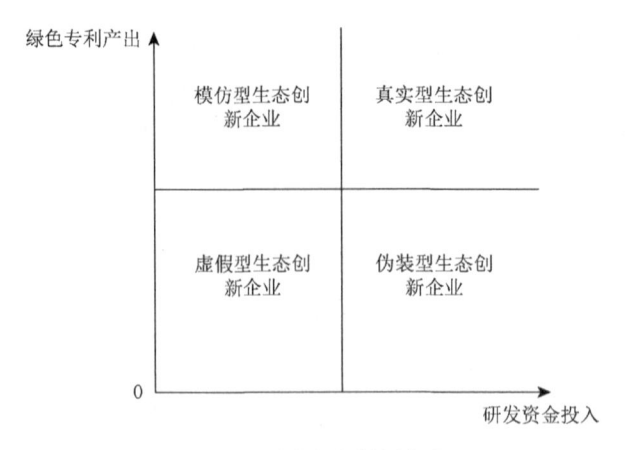

图 9-2　四类生态创新企业

9.3.3　指标选取

1. 被解释变量

按照分类结果，本章将生态创新企业分为四类：真实型生态创新企业、虚假型生态创新企业、伪装型生态创新企业和模仿型生态创新企业。分别使用真实型生态创新企业与其他三类企业进行比较，例如，真实型生态创新企业和模仿型生态创新企业，如果这些企业都是真实型生态创新企业，那么模仿型生态创新企业则被编码为"1"；如果这些企业都是模仿型生态创新企业，则该变量都被编码为"0"。

2. 解释变量

本章将正式制度划分为政府制度、法律制度和经济制度，它们分别由不同的指标来测量。基于 Morgenstern 等（2002）、Brunnermeier 和 Cohen（2003）、Liu 等（2022）、刘华珂和何春（2021）的研究，分别对这些指标进行测量。其中，政府制度包括环境规制和环境税。环境规制（变量符号为 ER）用省级层面工业污染治理完成投资额/工业增加值来测量。同时，2017 年是排污费废除、环境税概念兴起的重要节点，因此本章用企业排污费和狭义环保税收来表示环境税（变量符号为 ET）。法律制度和经济制度分别由知识产权保护（变量符号为 EPR）和绿色信贷（变量符号为 GC）数据来衡量。

借鉴 Liu 等（2022）、Liao 等（2019b）的研究，本章用企业半径 100km 之内的孔庙数量占该省份人口数量的比重测量儒家文化，并进行加 1 对数化处理（变量符号为 Cul）。

3. 控制变量

对于影响企业生态创新的其他因素，本章将它们作为控制变量。一般而言，上市公司的规模会影响生态创新的投入和产出，因此选取年总资产的自然对数测量企业的规模（Liao, 2020）。在财务指标上，本章选用资产负债率、资产净利润率和托宾Q值作为控制变量，分别用 LEV、Roa 和 TobinQ 表示。通常企业盈利能力越高，在研发创新上的投入就越多（Peng and Ji, 2022）。同时，女性管理者对生态创新的反应可能比男性管理者更积极，她们可以更多地关注公司的社会关系和公众形象，也可以更多地关注生态创新（Del Canto and González, 1999；Liu et al., 2022），因此，本章选取管理层女性占比作为控制变量。此外，本章将企业个体和年份作为固定效应变量。

具体变量的测量，如表 9-1 所示。

表 9-1 具体变量的测量

分类	变量		符号	指标含义
因变量	企业类型（Type）	真实型生态创新企业	AUEE	绿色专利和研发投入都高于平均值
		模仿型生态创新企业	IMEE	绿色专利高于平均值，研发投入低于平均值
		虚假型生态创新企业	FKEE	绿色专利和研发投入都低于平均值
		伪装型生态创新企业	FLEE	绿色专利低于平均值，研发投入高于平均值
自变量	环境规制		ER	工业污染治理完成投资额/工业增加值
	环境税		ET	排污费+狭义环保税收
	绿色信贷		GC	企业所在省份绿色信贷的金额
	知识产权保护		EPR	（地方知识产权审判结案数/地区生产总值）/（国内知识产权审判结案数/GDP）
调节变量	儒家文化		Cul	ln（企业半径 100km 之内的孔庙数量/该省份人口数量+1）
控制变量	企业规模		Size	年总资产的自然对数
	资产净利润率		Roa	净利润/总资产余额
	资产负债率		LEV	年末总负债/年末总资产
	托宾Q值		TobinQ	（流通股市值+非流通股市值×每股净资产+负债账面值）/总资产
	管理层女性占比		Female	管理层女性人数/管理层人数

9.4 数据分析与实证结果

9.4.1 描述性统计

正式制度、儒家文化、生态创新和控制变量的均值、标准差和相关性，如表 9-2 所示。

表 9-2 描述性统计和相关性统计

变量	均值	标准差	Type	ER	ET	GC	EPR	Cul	Size	LEV	Roa	TobinQ	Female
Type	0.135	0.341	1.000										
ER	0.135	0.117	0.045***	1.000									
ET	0.102	0.228	0.592***	0.038***	1.000								
GC	0.044	0.004	0.071***	−0.384***	0.041***	1.000							
EPR	0.026	0.036	0.045***	−0.214***	0.049***	0.251***	1.000						
Cul	0.007	0.007	−0.063***	−0.014*	−0.058***	−0.047***	−0.177***	1.000					
Size	22.213	1.263	0.587***	0.071***	0.735***	0.062***	0.049***	−0.050***	1.000				
LEV	0.391	0.188	0.333***	0.053***	0.368***	0.012	−0.036***	−0.011	0.541***	1.000			
Roa	0.042	0.065	0.060***	−0.016*	0.063***	0.017*	−0.022***	0.016*	0.081***	−0.298***	1.000		
TobinQ	2.146	1.392	−0.126***	0.008	−0.172***	−0.061***	0.012	0.001	−0.281***	−0.254***	0.235***	1.000	
Female	19.478	11.083	−0.165***	−0.126***	−0.144***	0.094***	0.067***	−0.060***	−0.220***	−0.183***	0.015*	0.097***	1.000

* $p<0.1$, ** $p<0.05$, *** $p<0.01$。

从表 9-2 中可以看出，环境规制、知识产权保护、儒家文化等变量之间的相关系数低于 0.6，说明变量之间并不存在严重的共线性问题。

9.4.2 基准回归分析

表 9-3 为正式制度与企业生态创新类型的 Probit 模型的回归结果，模型 1a～模型 1c 分别表示控制变量对不同类别的企业生态创新者的影响作用的回归结果，模型 2a～模型 2c 表示正式制度对不同类别的企业生态创新者的影响作用的回归结果。模型 1 和模型 2 的每个回归的最大似然估计值检验证明，可以拒绝声明系数同时等于 0 的零假设。同时，β 是回归系数，AME 为边际效应，表示解释变量每变动一个单位企业类型的变化情况。

在模型 2a 中，可以发现环境规制的估计系数为 2.468，在 1%的水平上显著，说明政府制度有利于企业成为真实型生态创新者而不是模仿型生态创新者。环境规制的边际效应为 0.350，同样在 1%的水平上显著，证明环境规制每增加一个单位，企业成为真实型生态创新者的可能性就会增加 35%。环境税的估计系数为 1.899（$p<0.01$），边际效应为 0.270（$p<0.01$），说明环境税每增加一个单位，企业成为真实型生态创新者的概率增加 27%。同样，绿色信贷和知识产权保护也会加大企业成为真实型生态创新者的可能性。因此，假设 H1a、H1d、H2a 和 H3a 成立。

在模型 2b 中，可以发现环境税的估计系数为 3.655，在 1%水平上显著，说明政府征收环境税有利于企业成为真实型生态创新者而不是虚假型生态创新者。环境税的边际效应为 0.039，在 5%水平上显著，证明环境税每增加一个单位，企业成为真实型生态创新者的概率就会增加 1.1%。绿色信贷在 10%的水平上显著，它会增加真实型生态创新者的可能性，每增加一个单位的绿色信贷，企业成为真实型生态创新者的可能性会增加 93.8%。此外，环境规制和知识产权保护对企业成为真实型生态创新者或虚假型生态创新者没有显著影响，这可能是因为一方面即使有环境规制和知识产权保护的法规存在，如果监管机构对这些法规执行力度不足，企业也可能会选择忽视或规避这些规定，而不会受到明显的影响；另一方面企业的文化和价值观也可能会对其在生态创新中的行为产生影响。一些企业可能将环境保护和真实创新视为核心价值，而另一些企业可能更注重短期经济回报。因此，假设 H1e 和 H2b 成立，假设 H1b 和 H3b 不成立。

在模型 2c 中，可以发现环境规制的估计系数为 9.478，在 1%的水平上显著，说明在真实型生态创新者和伪装型生态创新者的概率比较之中，政府实施环境规制有利于企业成为真实型生态创新者而不是伪装型生态创新者。环境规制的边际效应为 0.286，同样在 1%水平上显著，证明环境规制每增加一个单位，企业成为真实

表 9-3 Probit 回归分析

模型	模型 1a AUEE 对比 IMEE β	模型 1a AME	模型 1b AUEE 对比 FKEE β	模型 1b AME	模型 1c AUEE 对比 FLEE β	模型 1c AME	模型 2a AUEE 对比 IMEE β	模型 2a AME	模型 2b AUEE 对比 FKEE β	模型 2b AME	模型 2c AUEE 对比 FLEE β	模型 2c AME
ER	0.575*** (4.98)	0.082*** (5.14)					2.468*** (3.54)	0.350*** (3.60)	−0.254 (−0.14)	−0.003 (−0.14)	9.478*** (3.30)	0.286*** (3.66)
ET	2.184*** (3.31)	0.311*** (3.32)					1.899*** (4.56)	0.270*** (4.61)	3.655** (2.57)	0.039** (2.55)	0.280 (0.16)	0.008 (0.16)
GC	3.738*** (2.81)	0.532*** (2.80)					69.682*** (3.23)	9.888*** (3.22)	87.470* (1.74)	0.938* (1.74)	210.413*** (3.03)	6.351*** (3.06)
EPR	0.030 (0.51)	0.004 (0.51)					4.652* (1.77)	0.660* (1.77)	−0.975 (−0.13)	−0.010 (−0.13)	22.308** (2.43)	0.673** (2.43)
Size			8.387*** (16.96)	0.068*** (18.78)	6.111*** (7.37)	0.203*** (34.56)	0.069 (0.45)	0.010 (0.46)	5.732*** (13.50)	0.061*** (14.26)	6.513*** (7.43)	0.197*** (16.51)
LEV			4.101*** (2.59)	0.033*** (2.62)	0.348 (0.21)	0.012 (0.21)	2.458*** (3.69)	0.349*** (3.73)	3.339** (2.38)	0.036** (2.39)	1.531 (0.81)	0.046 (0.84)
Roa			9.925** (2.53)	0.080** (2.53)	5.366* (1.76)	0.178* (1.76)	3.114** (2.32)	0.442** (2.31)	6.847** (2.18)	0.073** (2.19)	7.576** (2.15)	0.229** (2.22)
TobinQ			0.447** (2.29)	0.004** (2.31)	0.470** (2.32)	0.016** (2.49)	0.043 (0.72)	0.006 (0.72)	0.324** (2.14)	0.003** (2.14)	0.433* (1.92)	0.013** (2.05)
Female	−0.022** (−2.52)	−0.003** (−2.54)	−0.087*** (−3.67)	−0.001*** (−3.61)	−0.016 (−0.67)	−0.001 (−0.67)	−0.020** (−2.33)	0.003** (−2.34)	−0.065*** (−3.16)	−0.001*** (−3.15)	−0.013 (−0.050)	−0.0004 (−0.49)

续表

模型	模型 1a		模型 1b		模型 1c		模型 2a		模型 2b		模型 2c	
	AUEE 对比 IMEE		AUEE 对比 FKEE		AUEE 对比 FLEE		AUEE 对比 IMEE		AUEE 对比 FKEE		AUEE 对比 FLEE	
变量	β	AME	β	AME	β	AME	β	AME	β	AME	β	AME
常数项	−15.981*** (−6.10)		−206.508*** (−17.77)		−144.608*** (−7.42)		−8.078** (−2.29)		−145.833*** (−14.66)		−165.712*** (−7.67)	
样本量	2127		10762		1825		2127		10762		1825	
年份	控制		控制		控制		控制		控制		控制	
瓦尔德卡方检验	109.51***		348.09***		59.03***		141.26***		365.73***		76.57***	

注：括号内的数值是 z 值。
* $p<0.1$，** $p<0.05$，*** $p<0.01$。

型生态创新者的概率就会大大增加。绿色信贷的增加在 1%的水平上显著增加了成为真实型生态创新者的可能性，每增加一个单位的绿色信贷，企业成为真实型生态创新者的可能性会增加 635.1%。同时，知识产权保护的估计系数为 22.308，在 5%的水平上显著，说明知识产权保护有利于企业成为真实型生态创新者而不是伪装型生态创新者。此外，环境税的影响不显著，这可能是因为环境税并未达到一定的强度。因此，假设 H1c、H2c 和 H3c 成立，假设 H1f 不成立。

9.4.3 儒家文化的调节作用检验

本节选取儒家文化作为调节变量，构建儒家文化与正式制度的交互项并引入基准模型中，回归结果如表 9-4 所示。

表 9-4 儒家文化的调节作用

变量	模型 3a AUEE 对比 IMEE β	AME	模型 3b AUEE 对比 FKEE β	AME	模型 3c AUEE 对比 FLEE β	AME
ER	1.386 (1.54)	0.197 (1.56)	−3.329 (−1.36)	−0.035 (−1.36)	4.912 (1.52)	0.143 (1.52)
ET	1.255** (2.55)	0.179** (2.54)	1.887 (1.02)	0.020 (1.02)	2.006 (0.83)	0.058 (0.82)
GC	27.504 (0.93)	3.915 (0.93)	98.961 (1.41)	1.026 (1.40)	231.420** (2.21)	6.748** (2.19)
EPR	0.727 (0.15)	0.103 (0.15)	−18.850 (−1.55)	−0.195 (−1.55)	−26.830 (−1.19)	−0.782 (−1.23)
Cul	−400.364*** (−2.58)	−56.989** (−2.56)	−293.085 (−0.77)	−3.039 (−0.77)	−315.533 (−0.50)	−9.201 (−0.51)
Cul×ER	169.339* (1.70)	24.104* (1.68)	381.158** (2.14)	3.952** (2.14)	847.200** (1.99)	24.704** (2.20)
Cul×ET	103.514** (2.27)	14.734** (2.30)	325.832** (2.19)	3.378** (2.16)	−182.754 (−1.12)	−5.329 (−1.11)
Cul×GC	7217.745** (2.27)	1027.39** (2.15)	300.980 (0.04)	3.120 (0.04)	386.233 (0.03)	11.262 (0.03)
Cul×EPR	733.526** (0.88)	104.412 (0.88)	2758.856 (1.51)	28.603 (1.50)	9593.845** (2.19)	279.751** (2.37)
Size	0.058 (0.35)	0.008 (0.35)	5.730*** (14.26)	0.059*** (14.76)	6.623*** (7.54)	0.193*** (18.41)

续表

变量	模型 3a AUEE 对比 IMEE		模型 3b AUEE 对比 FKEE		模型 3c AUEE 对比 FLEE	
	β	AME	β	AME	β	AME
LEV	2.492*** (3.75)	0.355*** (3.78)	3.425** (2.35)	0.036** (2.36)	1.805 (0.94)	0.053 (0.96)
Roa	3.083** (2.28)	0.439** (2.28)	7.456** (2.36)	0.077** (2.39)	7.913** (2.19)	0.231** (2.29)
TobinQ	0.045 (0.75)	0.006 (0.75)	0.370** (2.43)	0.004** (2.46)	0.477** (2.11)	0.014** (2.24)
Female	−0.022** (−2.49)	−0.003** (−2.50)	−0.069*** (−3.27)	−0.001*** (−3.24)	−0.016 (−0.60)	−0.0005 (−0.60)
常数项	−2.155 (−0.52)		−143.149*** (−12.86)		−164.949*** (−7.39)	
样本量	2127		10762		1825	
年份	控制		控制		控制	
瓦尔德卡方检验	147.15***		430.40***		80.93***	

注：括号内的数值是 z 值。
$*p<0.1$，$**p<0.05$，$***p<0.01$。

从模型 3a 中可以看出，儒家文化与环境规制的交互项系数在 10%水平上显著，说明在儒家氛围浓厚的环境下，环境规制强度的增加会增强企业成为真实型生态创新者的可能性。同时，可以发现儒家文化与环境税的交互项、儒家文化与绿色信贷的交互项以及儒家文化与知识产权保护的交互项的系数都是正向显著的，说明在儒家文化氛围强的环境中，环境税、绿色信贷和知识产权保护强度的增加都会加强企业选择成为真实型生态创新者而不是模仿型生态创新者的可能性。

从模型 3b 中可以看出，儒家文化与环境规制和环境税这两个政府制度的交互项系数均在 5%的水平上正向显著，说明在儒家文化氛围强的环境中，环境规制能够削弱企业成为虚假型生态创新者的可能性，而环境税能够加大企业成为真实型生态创新者的可能性。然而，绿色信贷和知识产权保护与儒家文化的交互项则不显著。

从模型 3c 中可以发现，环境规制与儒家文化的交互项系数为 847.200，在 5%的水平上显著，说明在其他情况不变时，儒家文化氛围越强，环境规制使企业越有可能成为真实型生态创新者，而不是伪装型生态创新者。同时，知识产权保护与儒家文化的交互项系数为 9593.845，在 5%水平上显著，说明儒家文化氛围越强，知识产权保护使企业成为伪装型生态创新者的可能性会越弱。然而，环境税和绿色信贷与儒家文化的交互项则不显著。

基于上述分析，假设H4a得到证实，H4b、H5和H6部分证实。

9.5 结论和讨论

9.5.1 结论

本章选取了2802家制造行业的企业作为研究样本，实证检验了正式制度对企业选择不同类别的生态创新者的影响作用，以及儒家文化的调节作用，主要得到以下研究结论。

（1）相比模仿型生态创新者和伪装型生态创新者，环境规制更有助于企业成为真实型生态创新者；相比模仿型生态创新者和虚假型生态创新者，环境税更加有助于企业成为真实型生态创新者；经济制度对企业成为真实型生态创新者，而不是其他类型的生态创新者，具有显著的正向影响；相较模仿型生态创新者和伪装型生态创新者，知识产权保护更有助于企业成为真实型生态创新者。

（2）儒家文化正向调节环境规制与企业成为真实型生态创新者之间的关系；在真实型生态创新者与模仿型生态创新者和虚假型生态创新者之间，儒家文化正向调节了环境税与企业生态创新类型之间的关系，然而在真实型生态创新者与伪装型生态创新者之间并没起到调节作用；在真实型生态创新者和模仿型生态创新者之间，儒家文化正向调节了绿色信贷与它们的关系，而不调节真实型生态创新者与模仿型生态创新者和虚假型生态创新者之间的关系；在真实型生态创新者和模仿型生态创新者与伪装型生态创新者之间，儒家文化正向调节了知识产权保护对企业成为真实型生态创新者的可能性。

9.5.2 管理启示

本章考察了正式制度与企业生态创新类型选择之间的关系，研究结果对企业管理和政府政策制定具有一定的启示。

（1）政府可以通过制定相应的正式制度，加强监管和执法力度，为企业提供政策支持和激励措施，促进企业生态创新，推动经济向绿色可持续发展方向转换。其一，政府可以通过制定更加严格的环境规制，包括限制污染物排放、限制资源的浪费等，从而激励企业投入更多的资金用于环保技术研发和绿色产品生产。其二，政府可以通过对污染物排放进一步征税以及对能源资源征税等方式，引导企业向绿色方向转型。

（2）了解并遵守相关制度是企业生态创新的基本前提，同时企业应注重对非正式制度的塑造，关注文化对企业内部的影响。企业在经营活动中，需要确保其生产和运营活动符合国家和地区的环保法规，以降低法规风险，并为生态创新提供合法的基础。同时，要关注政府对生态创新的激励政策，积极参与并利用政府提供的支持和奖励政策，这将有助于降低企业生态创新的经济成本，提高其可持续发展的竞争力。此外，企业还应当主动承担环境责任，通过生态创新实践来履行社会责任，有助于提升企业形象，满足消费者对可持续发展的期望。

9.5.3 研究不足和未来展望

（1）本章仅采用了基准回归方法和调节变量回归方法，缺少内生性检验和稳定性检验，这可能会在一定程度上影响研究结果的解释和推断的可靠性。未来可以考虑引入内生性检验方法以确认因果关系，并进行稳定性检验以验证结果的一致性。这样可以提高研究方法的严谨性，并使研究更具有说服力。

（2）本章的研究样本聚焦于制造行业，未将其他行业纳入研究样本。未来的研究可以进一步扩充研究样本，并对不同行业的结果进行比较，以提高研究的普适性。

9.6 本章小结

在第 8 章分析正式制度与非正式制度对企业生态创新行为的影响后，本章进一步检验了正式制度与儒家文化对企业选择成为不同类型的生态创新者的影响。首先，针对研究问题提出了具体假设和分析；其次，采用矩阵分析法，将企业分为四大类型——真实型生态创新者、虚假型生态创新者、伪装型生态创新者和模仿型生态创新者；再次，采用 Probit 模型，对相关数据进行检验并确定调节作用；最后，给出了已证实和未证实的假设。

（本章执笔人：廖中举，刘晓蝶）

第10章　正式制度、非正式制度与企业生态创新：构型的视角

制度环境是企业经营环境的重要组成部分，对企业的战略决策具有重要的影响作用。基于制度理论，本章将探究四类正式制度和两类非正式制度共同影响企业生态创新的具体路径。

10.1　引　　言

随着经济的快速发展，能源消耗、污染排放、环境破坏等生态问题成为各国普遍关心的话题，国际社会正在积极采取措施进一步加强全球环境管理，从而促进经济社会的可持续发展（Wang et al.，2023a）。生态创新是以节能减排和环境保护为目标的创新活动，它通过改进技术方法、提高资源利用效率、开发绿色产品等方式（Chen et al.，2006）来有效解决环境问题。然而，生态创新的"双重外部性"特征会导致市场失灵（Rennings，2000），因此，完善的制度环境成为推动企业生态创新的必要条件（Liao，2018a）。制度理论认为，制度是人类设计和演化出来的各种政治规则、法律规范、文化习俗、行为准则、伦理道德等用以塑造人们互动关系的所有约束（North，1990）。制度不是单一存在的，多类制度共同构成了整体的制度环境（Suchman，1995）。例如，市场机制、法律法规、政策与管制等正式制度主要通过制定规则直接约束经济活动（Williamson，2000）。

以往的研究在探讨正式制度、非正式制度与企业生态创新的关系时，取得了一定的进展，但还存在以下两个方面的不足。

（1）大部分学者倾向于探究正式制度对企业生态创新的影响作用，而对非正式制度的关注较少。例如，Shen等（2020）、Qi等（2021）研究了不同类型的环境政策工具、制度压力等对企业生态创新的影响作用。然而，长期以来，各国形成了独具特色的传统文化与价值观念，同时，无论是个人还是企业，在融入社会的过程中，必然会产生并遵守社会规范（Helmke and Levitsky，2004）。因此，探究非正式制度与企业生态创新的关系是非常必要的。

（2）大部分学者专注于研究单一类型的制度要素对企业生态创新的影响，缺乏系统地考察正式制度和非正式制度对企业生态创新的共同作用。例如，Liao等

(2019a)、Long 和 Liao（2021）分别探究了正式制度或非正式制度对企业生态创新的影响作用。然而，关于不同类型的制度对企业生态创新是否会产生共同作用，以往的研究尚未给出清晰的答案。

鉴于此，为了弥补以往研究存在的不足，本章采用模糊集定性比较分析方法，系统探究正式制度与非正式制度共同对企业生态创新产生作用的不同路径。与以往研究相比，本章有以下两个方面的贡献。

（1）基于制度理论，本章分析了各类制度要素与企业生态创新之间的具体关系，从企业外部环境角度探索了制度组合对生态创新的驱动作用，从而拓宽了对企业生态创新前因条件的研究视角，丰富了正式制度、非正式制度与企业生态创新的关系研究，尤其是提高了非正式制度对企业生态创新的解释力度。

（2）本章基于组态视角系统整合了正式制度与非正式制度要素，并识别出能够实现高水平生态创新的制度要素组合与需要规避的低水平组态路径，这不仅清晰地揭示了正式制度与非正式制度对企业生态创新产生的共同作用，也为地区制度优化与推动企业生态创新实践提供了理论依据。

10.2 文献回顾

正式制度与非正式制度作为制度体系的两个重要方面（North，1990），非正式制度是正式制度发挥作用的基础（Greif，1994），而正式制度确立之后给制度环境和经济秩序带来的改变也会使非正式制度在原有的基础上发生改变（Helmke and Levitsky，2004）。当正式制度的建设不够完善时，非正式制度将起到重要的补充作用（Peng et al.，2008）。

10.2.1 正式制度与企业生态创新

制度经济学认为，正式制度是人们有意识地创造出的一系列政策法规（North，1990）。正式制度通过制定权威性的行为准则，塑造了社会成员之间成文的、明确的互动规范，从而维持了社会运行的秩序（Scott，1995），为各主体的经济活动提供了基本依据。借鉴 Weng 等（2021）的研究，本章将正式制度划分为政治制度、经济制度和法律制度三个维度，在这三个维度下，分别探讨环境规制、环保补助、环境税、知识产权保护与企业生态创新之间的关系。

1. 环境规制与企业生态创新

环境规制是政府为了改善环境质量和维护社会公共利益而制定的用以约束个

人以及企业的经济行为的规范条例与政策法规，也是正式制度通过政治手段影响生态创新的重要工具（Frondel et al., 2007）。

与以往认为环境规制会使企业生产造成污染成本内部化，从而增加企业的额外成本、降低企业市场竞争力的观点不同，波特假设提出，环境规制能实现企业绿色生产和利润获取的双赢（Porter and van der Linde, 1995）。此后，学者对环境规制与企业生态创新的关系进行了更深入的研究。多数观点认为，政府环境规制是驱动企业进行生态创新的主要外部动力（Guo et al., 2023）。企业会在制度压力下实施生态创新措施，以避免被政府制裁（Liao and Liu, 2021）。同时，与市场因素相比，生态创新"双重外部性"的特点使企业更容易被政府政策所影响（del Río et al., 2015）。并且，严格的环境规制预期能够降低企业未来的环境合规成本，从而推动企业生态创新发展（Berrone et al., 2013）。

2. 环保补助、环境税与企业生态创新

相比于其他环境实践，生态创新需要更多的财务承诺（Ahuja et al., 2008）。作为一项战略变革，生态创新通常需要企业从全局出发改变其产品流程和建立新的系统（Huang and Li, 2017），并对多元化的技术知识进行吸收和整合（Zhang and Zhu, 2019）。在这个过程中，企业需要投入大量的人力、物力和财力来保证生态创新的顺利开展（Xie et al., 2019b）。从正式制度的角度来说，基于市场的财政政策能够在经济资源方面推动生态创新的发展（Porter and van der Linde, 1995）。

政府补助是政府促进社会资源优化配置并加快区域发展的重要方式，也是企业谋求发展的重要资源渠道（Harris and Trainor, 2005）。虽然有文献认为，政府补助与生态创新之间并无显著关系，但大多数研究结果表明，政府补助有利于激励企业进行生态创新（Jové-Llopis and Segarra-Blasco, 2018）。环保补助是政府对企业环保活动的直接资助，可以通过弥补生态创新所带来的额外成本，从而推动企业生态创新活动的进展（Liu et al., 2019）。环保补助是企业生态创新最重要的外部融资来源（Xiang et al., 2022），可以帮助企业缓解研发创新活动所面临的融资约束与资金短缺等问题，从而减少企业的研发成本，降低企业对未来创新活动不确定性的担忧，从而鼓励其继续进行生态创新。此外，环保补助可以视为政府对企业绿色研发能力以及未来发展前景的肯定（Bianchi et al., 2019），从而向企业外部的利益相关者释放出积极的信号，使其更容易获得外部投资者的资助与研发合作机会（Kleer, 2010），从而促进企业的生态创新。

环境税是一种用于纠正环境负外部性的政策工具，政府通过税收的方式增加企业的排污成本，从而约束企业的环境污染行为（Borsatto and Amui, 2019）。大多数观点认为，环境税政策增加了企业的生产经营成本，而企业为了弥补这部分损失或者尽量减少高额的税费，会主动进行生产研发与生态技术创新，从而提高企业生产效率并控制企业污染排放数量（Freire-González，2018），有效地促进企业的生态创新活动。Rubashkina 等（2015）研究发现，实施较为严格的环境税政策更有利于提升企业的创新水平。Yi 等（2021）也指出，环境税能够激励企业生态创新，并且环境税与环保补贴的政策组合能够带来更多的生态创新投资和更高的社会福利水平。同时，也有一些观点认为，环境税会增加企业的成本，从而加剧企业融资约束，削弱其进行技术创新的能力，对研发投入产生"挤出效应"（Kemp and Pontoglio，2011），使环境税对企业生态创新的激励作用并不显著。基于中国的环境税改革实践，Wang 和 Yu（2021）指出，由于中国目前的环境税税率较低，环境外部性对企业生态创新存在可能的抑制作用。

3. 知识产权保护与企业生态创新

知识产权保护作为一种法律制度，为绿色技术交易提供了有效的法律保障和公平、公正的市场环境，是保护主体创新成果的重要制度前提（Fisman and Gatti，2002；Lü et al.，2023b）。良好的知识产权保护制度有利于打击侵权行为，使生态创新成果的产权归属问题更加清晰，从而保护主体的创新利益（Anton and Yao，2002；Neves et al.，2021）。

在研发阶段，企业可以将绿色技术有偿转让给他人以获取收益，或者对侵权行为进行申诉以维护自己的合法权益，从而提高企业从事绿色研发活动的积极性（Neves et al.，2021）。Fang 等（2017）的研究表明，城市的知识产权保护力度越强，该地区企业的创新绩效增幅就越明显，并且这种关系在民营企业中更显著。同时，作为创新活动的直接体现，创新文本信息是企业重要的专有信息（Li et al.，2018c）。创新信息披露可以缓解企业与外部的信息不对称现象，是向利益相关者传递企业创新行为与可持续发展能力的重要途径（Jones，2007）。知识产权保护制度能够降低企业创新信息披露的专有成本，有效维护创新信息披露带来的潜在收益（Bond and Zeng，2022），从而降低企业知识产权被侵害的概率，有利于增强外部投资者对企业创新能力的投资信心并进一步提升企业生态创新效率。

10.2.2 非正式制度与生态创新

非正式制度产生作用的方式依赖于成员的自愿而非外界的强迫（North，1990），它渗透于社会经济生活的各个领域，通过内化为思想和价值观念来约束各主体的行为选择，其影响范围明显大于正式制度（Scott，1995）。

1. 儒家文化与企业生态创新

文化是非正式制度环境研究的主要落脚点（De Clercq et al.，2013）。儒家文化不仅为个体的行为提供了道德依据，也为企业和社会的发展奠定了基本价值原则（Fu and Tsui，2003）。

一方面，儒家文化提倡的生态伦理思想，通过塑造个人的绿色价值取向，从而提升组织整体的环保意识和增强开展生态创新的原始动机（Huang et al.，2024）。儒家文化强调人类对自然应保持"仁爱"的态度，推崇与自然为友，人类应该顺应自然规律，重视生态平衡，适时适度地使用自然资源，不过分开采和浪费，从而与自然和谐相处（Chao et al.，2023）。另一方面，儒家文化中的"义利观"可以约束个体的自利行为，有利于引导企业主动承担社会责任，通过生态创新实现更高的社会效益和环境效益（Yuan et al.，2023）。自身的利益固然重要，但是在道德与责任面前，企业更应该对他人和社会有所贡献（Du，2015）。

2. 社会信任与企业生态创新

几乎所有的商业与经济决策都包含信任因素（Arrow，1972）。社会信任作为一种基础性的非正式制度安排，反映了人们想要与他人合作以产生有效结果的期望（Wu et al.，2014）。

社会信任可以通过减少管理层对未来的不确定性从而促进企业创新（Kim and Li，2014；Ang et al.，2015）。同时，高程度的社会信任可以减少合作过程中的机会主义，改善非正式关系治理，从而提高合作创新水平（Brockman et al.，2018）。由于生态创新强调经济效益、社会效益与环境效益的统一，需要学习和整合多样化的外部知识，从而实现不同领域的交叉融合（Horbach，2008）。因此，在社会信任更高的地区，企业、高校等可以基于较为一致的社会规范进行合作，沟通成本相对较低，合作关系更加密切，有利于实现更高的生态创新水平。另外，高度的社会信任会使企业产生高利他主义倾向（Hoi et al.，2018），进而推动企业承担社会责任（Jha and Cox，2015）。因此，随着清洁生产与节能减排的理念逐渐成为社会共识，社会信任较强的地区会对生态环境问题格外关注，从而提升该地区企业生态创新的内在动力。

10.3 研 究 设 计

10.3.1 研究方法

本章选择用 fsQCA 方法来进行研究的原因包括：其一，正式制度与非正式制度的内涵本身都较为丰富，且各制度要素之间可能存在着相关性。如果采用线性计量模型的方法仅探讨单一因素的独立作用或两者的交互作用，则会忽略多个因素对结果变量的组合效果，从而无法从整体的角度把握制度环境对生态创新的影响（Misangyi et al.，2017；Rihoux and Ragin，2009）。其二，研究正式和非正式制度的何种要素组合能够对生态创新产生等效的高水平影响以及如何规避非高水平生态创新具有重要的现实意义。fsQCA 通过分析多元条件变量及其组态与结果变量之间的充分必要关系，能够给出具体的实现路径，是帮助分析现实问题以及提出相关建议的有效方法（Ragin，2009，2014）。

10.3.2 数据来源

本章以 2021 年中国 30 个省区市（由于数据难获得，不包括西藏和港澳台）的相关数据为研究样本，通过 fsQCA 方法探究区域正式和非正式制度影响企业生态创新的具体路径。条件变量的数据来源包括：各省区市的政府工作报告、《中国统计年鉴》、《中国环境统计年鉴》、《中国科技统计年鉴》等。考虑到生态创新产出存在时滞性的特点，因此结果变量选择 2022 年的数据，数据来源于 incoPat 数据库。

10.3.3 变量测量

（1）生态创新（变量符号为 EI）。由于问卷调查难以从客观角度反映企业生态创新的能力和成果，所以本章从实际产出角度出发，采用企业绿色专利数量作为测量指标（Liu et al.，2023）。考虑到专利申请量比授权量更能体现企业的创新情况（Griliches，1990），本章参考 Zhou 等（2021）、Yu 等（2021a）、Lian 等（2022）的方法，采用各省区市企业绿色专利申请量之和来测量企业生态创新。

（2）环境规制（变量符号为 ER）。参考 Chen 等（2018b）的研究，本章采用各省区市的政府工作报告中环保、污染等相关词汇占报告全文词频总数的比例测量环境规制。

（3）环保补助（变量符号为 EGS）。参考 Zhang 和 Li（2022）的研究，本章采用各省区市工业污染治理投资总额来衡量政府环保补助。

（4）环境税（变量符号为 ET）。参考 Bashir 等（2022）和 Tan 等（2022）的研究，本章直接选用各省区市环境保护税金额测量环境税。

（5）知识产权保护（变量符号为 EPR）。技术交易能够有效地反映知识产权保护的力度（Bozeman，2000；Sun and Grimes，2017）。因此，参考 Ang 等（2014）的研究，本章以各省区市技术交易成交额占地区生产总值的比例来测量知识产权保护。

（6）儒家文化（变量符号为 Cul）。参考 Kung 和 Ma（2014）的研究，本章根据现代行政区划整理出各省区市的孔庙数量，并以此作为儒家文化强度的代理变量。

（7）社会信任（变量符号为 Trust）。借鉴 Li（2023）的做法，根据中国综合社会调查有关社会信任的调查内容，本章对相关问题的五种回答进行赋值，然后取平均值，即为社会信任的测量数据。

10.3.4 数据校准

参考 Fan 等（2017）的做法，本章采用分位数值校准方法；同时，由于"交叉点"样本不能被纳入进一步的真值表分析，本章将校准后为 0.5 的样本数值修正校准为 0.501（Rihoux and Ragin，2009）。各变量校准锚点见表 10-1。

表 10-1　各变量校准锚点

变量	完全隶属	交叉点	完全不隶属
EI	52 033.9	7 005.5	1 753.3
ER	0.010 1	0.007 1	0.005 1
EGS	356 189	96 674	10 533
ET	188 180	41 218	11 379
EPR	0.079 4	0.023 0	0.002 9
Cul	648	185	5
Trust	0.823 0	0.610 9	0.404 5

10.4　研究结果

10.4.1　单个条件的必要性分析

在进行条件组态分析前，需要对各条件的必要性进行逐一单独检验（Sun，2021）；一致性是必要条件的重要检测指标，若某条件的一致性大于 0.9，那么就认为该条件为必要条件（Schneider and Wagemann，2012）。表 10-2 为高水平和非高水平生态创新的必要条件检验结果。

表 10-2　单个条件的必要性分析

条件变量	结果变量			
	高水平生态创新		非高水平生态创新	
	一致性	覆盖度	一致性	覆盖度
ER	0.600 572	0.600 526	0.616 683	0.812 857
~ER	0.812 843	0.616 661	0.696 934	0.696 975

续表

条件变量	结果变量			
	高水平生态创新		非高水平生态创新	
	一致性	覆盖度	一致性	覆盖度
EGS	0.734 178	0.726 265	0.532 329	0.694 160
~EGS	0.690 828	0.528 431	0.790 082	0.796 666
ET	0.724 828	0.689 655	0.538 777	0.675 759
~ET	0.659 223	0.520 215	0.752 565	0.782 853
EPR	0.721 815	0.752 699	0.413 213	0.568 010
~EPR	0.585 735	0.430 927	0.820 095	0.795 338
Cul	0.753 420	0.713 189	0.469 019	0.585 253
~Cul	0.561 858	0.445 281	0.770 151	0.804 581
Trust	0.718 028	0.639 797	0.630 694	0.717 649
~Trust	0.672 900	0.580 224	0.665 865	0.756 863

注:"~"是布尔逻辑运算符"非",表示相应条件不存在。

从表 10-2 中可以看出,所有条件的一致性水平都小于 0.9,表明不存在产生高水平和非高水平生态创新的必要条件。

10.4.2 条件组态的充分性分析

本章使用 fsQCA 4.1 软件分析导致高水平生态创新和非高水平生态创新的制度组合,并参考 Rihoux 和 Ragin(2009)的做法,对阈值、原始一致性等进行设置,组态分析结果如表 10-3 所示。

表 10-3 组态分析结果

条件变量			高水平生态创新				非高水平生态创新	
			强正式制度-强非正式制度		强正式制度-弱非正式制度		弱正式制度-强非正式制度	弱正式制度-弱非正式制度
			组态 H1	组态 H2	组态 H3a	组态 H3b	组态 L1	组态 L2
正式制度	政治	环境规制	●	⊗	•	⊗	•	
	经济	环保补助	•	•	⊗	⊗	⊗	⊗
		环境税	⊗	•	•	•		⊗
	法律	知识产权保护	●	•	•	•		⊗

续表

条件变量		高水平生态创新				非高水平生态创新	
		强正式制度-强非正式制度		强正式制度-弱非正式制度		弱正式制度-强非正式制度	弱正式制度-弱非正式制度
		组态 H1	组态 H2	组态 H3a	组态 H3b	组态 L1	组态 L2
非正式制度	儒家文化	●	•	•	•	⊗	⊗
	社会信任	•	•	⊗	⊗	●	⊗
一致性		0.967	0.956	0.960	0.935	0.984	0.997
原始覆盖度		0.249	0.321	0.298	0.298	0.322	0.378
唯一覆盖度		0.046	0.046	0.054	0.072	0.132	0.188
解的一致性		0.920				0.988	
解的覆盖度		0.506				0.510	

注：●或•表示该条件存在，⊗或⊗表示该条件不存在；●或⊗表示核心条件，•或⊗表示边缘条件。空白代表条件可存在，也可不存在。

从表 10-3 中可以看出，实现高水平生态创新包括四种不同的条件组态，总体解的一致性为 0.920，解的覆盖度为 0.506；实现非高水平生态创新包括两种不同的条件组态，总体解的一致性为 0.988，解的覆盖度为 0.510。本章根据每个组态中属于核心条件的正式制度要素与非正式制度要素的强弱组合，将所有结果分为四种类型。

1. 高水平生态创新条件组态分析

（1）强正式制度-强非正式制度。这种类型的组态包括 H1 和 H2。组态 H1 具有高环境规制、高知识产权保护和高儒家文化的核心条件，以及高环保补助、非高环境税和高社会信任的边缘条件。由核心条件可知，该组态是以正式制度中的政治与法律要素以及非正式制度中的儒家文化为主导的能够实现高水平生态创新的制度要素组合。具体来说，高水平的环境规制能够有效约束企业的生产经营行为，控制企业的排污数量，并促使企业通过技术改进与生产绿色产品等方式提升生产效率（Li et al.，2023b），从而减少对环境的污染与破坏。同时，高水平的知识产权保护在法律层面给予了创新主体重要的利益保障，浓厚的儒家文化氛围与社会信任的存在能够让合作各方在观念上更容易达成一致，三者的结合能够有效维护技术交易市场的稳定（Vimalnath et al.，2022；Zhu and Wang，2024），从而保护生态创新成果。此外，虽然在该组态中，经济制度要素发挥的作用不够显著，但环保补助的存在与较为宽松的环境税的组合能够减少企业的环境成本，缓解融资压力，为促进生态创新发展起到了补充作用。因此，组态 H1 表明，在经济制度建设不够完善的地区，严格的环境规制、高水平的知识产权保护与深厚的儒家文化底蕴的组合能够实现高水平的生态创新。

组态 H2 具有非高环境规制、高环境税、高知识产权保护和高社会信任的核心条件，以及高环保补助、高儒家文化的边缘条件。该组态的原始覆盖度为 0.321，是四种组态中覆盖度最高的组态。由核心条件可知，该组态是以正式制度中的经济与法律要素以及非正式制度中的社会信任为主导的能够实现高水平生态创新的制度要素组合。具体来说，严格的环境税政策通过经济手段从污染源头约束了企业的环境污染行为（Long et al., 2022），并与作为边缘条件的环保补助共同构成了较为完善的经济制度，发挥了财政政策对企业经济行为的引导与规制作用。同时，地区高水平的知识产权保护为企业提供了保护创新成果的法律依据与具体保护手段，社会信任的存在也将提高企业对生态创新活动的预期（Xie et al., 2022），并使企业更容易与其他主体进行沟通交流，从而减少交易成本，促成生态创新的实现。因此，组态 H2 表明，在环境规制薄弱的地区，完善的经济制度、高水平的知识产权保护以及高社会信任的组合能够有效促进企业生态创新。此外，通过对比 H1 与 H2 可以发现，在地区知识产权保护较强的情况下，环境规制和儒家文化的组合在一定程度上能够与环境税与社会信任的组合相互替代。

（2）强正式制度-弱非正式制度。这种类型的组态包括 H3a 与 H3b。组态 H3a 具有非高环保补助、高环境税与高知识产权保护的核心条件，以及高环境规制、高儒家文化和非高社会信任的边缘条件。组态 H3b 具有非高环保补助、高环境税与高知识产权保护的核心条件，以及非高环境规制、非高儒家文化和非高社会信任的边缘条件。将这两种组态进行对比可以发现，H3a 与 H3b 的核心条件相同，两者都属于在政府环保补助较为缺失的情况下，由正式制度中的环境税与知识产权保护为主导的能够实现高水平生态创新的制度要素组合。不同之处在于，H3a 的环境规制与儒家文化的存在对促进生态创新起到了一定的补充作用，而 H3b 除了环境税与知识产权保护这两个核心条件的存在发挥了显著作用之外，其他制度要素都较为缺乏。因此，H3a 与 H3b 这两种组态说明，在政府环保补助缺失以及非正式制度不发挥明显作用的地区，正式制度中严格的环境税与高水平的知识产权保护的组合也能够促进企业生态创新的发展。

2. 非高水平生态创新条件组态分析

（1）弱正式制度-强非正式制度。这种类型的组态为 L1，该组态具有高社会信任、非高环保补助、非高儒家文化的核心条件，以及高环境规制、非高环境税的边缘条件。该组态表明，地区的正式制度建设相对薄弱，虽然环境规制能够对企业起到一定的约束作用，但是相关经济制度和法律制度的缺失无法满足该地区的正式制度需要。并且，虽然社会成员之间存在着高度的信任，但是这种自发性的社会规范在没有正式制度的强制约束下，无法对生态创新起到有效的促进作用。这种类型的组态说明，在正式制度比较薄弱以及儒家文化比较匮乏的地区，即使社会信任程度较高，也无法为创新活动提供足够的动力和保障，从而导致生态创新水平偏低。

（2）弱正式制度-弱非正式制度。这种类型的组态为L2，其原始覆盖度为0.378，高于L1的原始覆盖度。该组态具有非高环境税、非高知识产权保护、非高儒家文化的核心条件，以及非高环保补助、非高社会信任的边缘条件。该组态表明，当地区的经济制度与法律制度较为薄弱，环境规制也无法发挥显著作用时，儒家文化和社会信任的缺失将更不利于鼓励主体进行创新，从而导致该地区的生态创新产出较少。这种类型的组态说明，制度环境对生态创新的发展至关重要，在正式制度与非正式制度都比较匮乏的地区，企业的生态创新发展会受到阻碍。此外，通过将高水平生态创新组态与非高水平生态创新组态进行对比，可以发现，相比于非正式制度，正式制度在促进生态创新方面发挥了更重要的作用。

10.4.3 稳健性检验

参考Witt等（2022）的研究，本章采用改变一致性阈值的方法进行稳健性检验。具体而言，将一致性阈值由原来的0.8提升至0.85，所得结果与原有表格完全一致，说明研究结果依然可靠。

10.5 结论和讨论

10.5.1 研究结论

基于制度理论，本章采用模糊集定性比较分析方法，从组态视角探究了正式制度与非正式制度对企业生态创新的具体影响路径。结果显示，共有四条提升生态创新的路径和两条抑制生态创新的路径。根据各组态的核心条件，四条提升路径可被分为强正式制度-强非正式制度和强正式制度-弱非正式制度两种类型，两条抑制路径可被分为弱正式制度-强非正式制度和弱正式制度-弱非正式制度两种类型。通过对各条件组态的对比与分析，本章发现，不存在构成高水平生态创新和非高水平生态创新的必要条件。

（1）完善的制度建设能够有效促进企业生态创新，当正式制度不够完善时，非正式制度可以起到重要的补充作用。在地区知识产权保护都较强的情况下，环境规制和儒家文化的组合在一定程度上能够与环境税和社会信任的组合相互替代。经济主体的行为受制于正式制度的规制作用,而正式制度存在于相应的非正式制度文化中(Hofstede et al., 2005)。因此,当正式制度无法得到企业的信任或给经济环境带来不确定性时,非正式制度就成为可以依赖的规范(Li and Zahra, 2012),并为正式制度的改进提供了依据(Holmes Jr et al., 2013)。虽然少数研究发现,制度压力不会对企业生态创新产生显著影响(Eiadat et al., 2008; Frondel et al., 2008),但大多数学者给出了不同的回答,Chen 等(2018a)、Chen 和 Liang(2023)均认为制度压力对生态创新的发展至关重要,正式制度与非正式制度均能正向影响企业生态创新实践。

(2)与非正式制度相比,正式制度对于推动企业生态创新更加有效。当地区的正式制度建设过于薄弱时,只依靠非正式制度无法对企业生态创新起到明显的促进作用。从外部环境的角度来看,大多数学者认为,企业生态创新的动力主要来自政府的规制压力(El-Kassar and Singh, 2019; Bansal and Roth, 2000)。正式制度从政治、经济和法律三个方面,不仅通过强制性的制度压力约束了企业的环境污染行为,也为企业维护自身的创新权益提供了法律保障。因此,作为非强制性的社会规范,非正式制度对企业生态创新的激励作用在一定程度上不如正式制度显著。其中,Garrone 等(2018)也提出,与非正式制度相比,正式制度的压力可能对促进企业节能创新更为有效。

10.5.2 理论启示

本章主要有以下两个方面的理论启示。

(1)本章探究了非正式制度对企业生态创新的影响作用,能够更有力地解释制度环境与企业生态创新的具体关联。以往研究在探讨制度环境与企业生态创新的关系时,大多从正式制度的角度出发,对单个制度(Cui et al., 2022; Zhou et al., 2023)以及政策工具组合(Greco et al., 2022)对生态创新的影响进行具体的分析。作为制度环境的另一个重要组成部分,非正式制度虽然没有明确的文本规定和强制实施的要求,但其通过内化为传统文化、风俗习惯以及道德标准,深刻地影响了社会整体的价值观念与行为决策(Liu et al., 2024; Dong and Li, 2023)。因此,研究非正式制度对企业生态创新的影响作用,有利于完善制度理论在生态创新领域的应用。

(2)基本模糊集定性比较分析方法探究了正式制度与非正式制度共同影响企业生态创新的具体路径,研究结论为探讨企业生态创新的驱动条件提供了新的视角与方向。制度环境是一个整体,研究单个政策对生态创新的影响固然重要,但从整体视角把握制度环境内部的要素组合对企业生态创新所发挥的作用具有更明确的理论意义与实际价值。

10.5.3 管理启示

（1）政策制定者可以优先从法律制度入手，加强知识产权保护力度，从而为企业提供保护生态创新成果的法律依据与维权渠道。

（2）结合地域特性，政策制定者需要从政治与经济方面选择能够进一步进行调整与优化的制度要素，从而不断完善正式制度，并与本地区的非正式制度形成有效的制度要素组合，为当地生态创新的发展提供良好的制度环境。

（3）企业应当加强关注环境相关政策的动态变化，自觉规范生产工艺，根据自身情况及时调整战略规划，积极响应有关政治制度与经济制度的规制内容。同时，企业在充分了解所在地区非正式制度的基础上，需要加强产权保护意识，学习相关法律知识，从而能够在必要的时候通过法律手段维护自身的利益，并促进生态创新持续向好发展。

10.5.4 研究不足和未来展望

本章还存在以下两点不足，未来需要继续加以改进。

（1）关于正式制度的维度有多种划分方式，本章只从政治、经济和法律三个方面选取了基本的制度要素，未来可以从不同的角度对正式制度进行细分，继续探究不同类别的正式制度对企业生态创新的影响作用。

（2）本章选取的是省级面板的截面数据作为研究样本，研究样本量有限，未来可以选择更加细化的数据样本，通过大样本进行研究分析。

10.6 本章小结

本章选取中国 30 个省区市作为研究对象，采用模糊集定性比较分析方法对数据进行了分析，结果表明：制度组合存在四条高水平生态创新路径以及两条非高水平生态创新路径，根据每条路径的核心条件，可将结果分为四种制度组合类型；完善的制度体系能够有效促进企业生态创新；当正式制度不完善时，非正式制度可以起到重要的补充作用；与非正式制度相比，正式制度对于推动企业生态创新更加有效。本章的结论为政府优化正式制度和非正式制度以推动企业生态创新提供了借鉴。

（本章执笔人：廖中举，吴宇涵）

参 考 文 献

白俊红. 2011. 中国的政府 R&D 资助有效吗？来自大中型工业企业的经验证据[J]. 经济学（季刊），11（4）：1375-1400.

毕茜，彭珏，左永彦. 2012. 环境信息披露制度、公司治理和环境信息披露[J]. 会计研究，（7）：39-47，96.

卞晨，初钊鹏，孙正林. 2022. 环境规制、绿色信贷与企业绿色技术创新的政策仿真——基于政府干预的演化博弈视角[J]. 管理评论，34（10）：122-133.

蔡海静，许慧. 2016. 市场化进程、投资者注意力与投资效率[J]. 财经论丛，（8）：59-66.

蔡乌赶，周小亮. 2017. 中国环境规制对绿色全要素生产率的双重效应[J]. 经济学家，（9）：27-35.

陈宇科，刘蓝天，董景荣. 2022. 环境规制工具、区域差异与企业绿色技术创新——基于系统 GMM 和动态门槛的中国省级数据分析[J]. 科研管理，43（4）：111-118.

陈昭华，刘跃前. 2003. 论正式制度和非正式制度的关系[J]. 科技进步与对策，20（5）：148-149.

成琼文，陆思宇. 2023. 数字技术应用、经济不确定性与绿色创新[J]. 软科学，37（5）：1-7，30.

程振，赵振智，吕德胜. 2022. 绿色信贷、企业风险承担与企业绿色创新——"波特效应"的中国证据[J]. 技术经济与管理研究，（10）：68-74.

段光，蔡启明，罗虎成. 2005. 矩阵分析法在供应链管理中的应用探析[J]. 现代管理科学，（6）：31-33.

樊纲，王小鲁，马光荣. 2011. 中国市场化进程对经济增长的贡献[J]. 经济研究，46（9）：4-16.

樊纲，王小鲁，张立文，等. 2003. 中国各地区市场化相对进程报告[J]. 经济研究，38（3）：9-18，89.

方颖，郭俊杰. 2018. 中国环境信息披露政策是否有效：基于资本市场反应的研究[J]. 经济研究，53（10）：158-174.

冯锋，王凯. 2007. 产业集群内知识转移的小世界网络模型分析[J]. 科学学与科学技术管理，28（7）：88-91.

冯敏，马海兵，宋彩萍. 2015. 文化维度理论与文化智力理论——跨文化管理的"双股剑"[J]. 上海对外经贸大学学报，22（2）：49-57.

傅诗雯，陈志强. 2023. 环保税、研发投入对企业盈余管理的影响研究[J]. 武汉理工大学学报（信息与管理工程版），45（6）：936-941.

高晓龙，林亦晴，徐卫华，等. 2020. 生态产品价值实现研究进展[J]. 生态学报，40（1）：24-33.

何吾洁，梁小红，陈含桦. 2020. 绿色税收对制造业绿色转型的效应分析——基于 SBM-DDF 模型和 Luenberger 指数测算[J]. 生态经济，36（9）：58-66.

蒋伏心，王竹君，白俊红. 2013. 环境规制对技术创新影响的双重效应：基于江苏制造业动态面板数据的实证研究[J]. 中国工业经济，（7）：44-55.

康继军，王卫，傅蕴英. 2009. 中国各地区市场化进程区位分布的空间效应研究[J]. 统计研究，

26（5）：33-40.
李大元，黄敏，周志方. 2016. 组织合法性对企业碳信息披露影响机制研究——来自 CDP 中国 100 的证据[J]. 研究与发展管理，28（5）：44-54.
李慧云，刘倩颖，李舒怡，等. 2022. 环境、社会及治理信息披露与企业绿色创新绩效[J]. 统计研究，39（12）：38-54.
李青原，肖泽华. 2020. 异质性环境规制工具与企业绿色创新激励——来自上市企业绿色专利的证据[J]. 经济研究，55（9）：192-208.
李婉红，毕克新，孙冰. 2013. 环境规制强度对污染密集行业绿色技术创新的影响研究——基于 2003—2010 年面板数据的实证检验[J]. 研究与发展管理，25（6）：72-81.
李园园，李桂华，邵伟，等. 2019. 政府补助、环境规制对技术创新投入的影响[J]. 科学学研究，37（9）：1694-1701.
李长英，赵忠涛. 2020. 技术多样化对企业创新数量和创新质量的影响研究[J]. 经济学动态，（6）：15-29.
梁晓源，谭跃. 2020. 绿色税收能提高企业环保投资效率吗[J]. 财会月刊，（16）：9-17.
廖中举，陈杰，张修凡. 2023. 正式制度与企业生态创新：一个研究综述[J]. 北京理工大学学报（社会科学版），25（3）：26-40.
刘华珂，何春. 2021. 绿色金融促进城市经济高质量发展的机制与检验——来自中国 272 个地级市的经验证据[J]. 投资研究，40（7）：37-52.
刘满凤，陈梁. 2020. 环境信息公开评价的污染减排效应[J]. 中国人口·资源与环境，30（10）：53-63.
刘明玉，袁宝龙. 2018. 环境规制与绿色创新效率的空间异质效应——基于长江经济带工业企业数据[J]. 财会月刊，（24）：144-153.
卢宏亮，马泽恩，许潇月. 2023. 儒家文化、内部控制与企业商业信用融资[J]. 经济与管理评论，39（2）：83-94.
马杰，李梦莲，李会娟，等. 2023. 绿色税收对资源型企业绿色转型的效应分析——基于超效率 SBM-GML 模型的实证[J]. 生态经济，39（3）：159-167.
孟猛猛，雷家骕，焦捷. 2021. 专利质量、知识产权保护与经济高质量发展[J]. 科研管理，42（1）：135-145.
潘越，潘健平，戴亦一. 2015. 公司诉讼风险、司法地方保护主义与企业创新[J]. 经济研究，50（3）：131-145.
彭星，李斌. 2016. 不同类型环境规制下中国工业绿色转型问题研究[J]. 财经研究，42（7）：134-144.
彭雪蓉，黄学. 2013. 企业生态创新影响因素研究前沿探析与未来研究热点展望[J]. 外国经济与管理，35（9）：61-71，80.
齐绍洲，林屾，崔静波. 2018. 环境权益交易市场能否诱发绿色创新？——基于我国上市公司绿色专利数据的证据[J]. 经济研究，53（12）：129-143.
沈能，刘凤朝. 2012. 高强度的环境规制真能促进技术创新吗？——基于"波特假说"的再检验[J]. 中国软科学，（4）：49-59.
施培公. 1999. 后发优势：模仿创新的理论与实证研究[M]. 北京：清华大学出版社.
唐永杰. 2017. 全国还有多少劣五类水？[J]. 中国生态文明，（4）：56-57.

陶文杰, 金占明. 2012. 企业社会责任信息披露、媒体关注度与企业财务绩效关系研究[J]. 管理学报, 9 (8): 1225-1232.

童健, 刘伟, 薛景. 2016. 环境规制、要素投入结构与工业行业转型升级[J]. 经济研究, 51 (7): 43-57.

王季, 耿健男, 肖宇佳. 2020. 从意愿到行为: 基于计划行为理论的学术创业行为整合模型[J]. 外国经济与管理, 42 (7): 64-81.

王遂昆, 郝继伟. 2014. 政府补贴、税收与企业研发创新绩效关系研究: 基于深圳中小板上市企业的经验证据[J]. 科技进步与对策, 31 (9): 92-96.

王为东, 沈悦, 王笑楠, 等. 2022. 女性高管权力与企业绿色创新[J]. 华东经济管理, 36 (12): 54-64.

王小鲁, 樊纲, 余静文. 2017. 中国分省份市场化指数报告 (2016) [M]. 北京: 社会科学文献出版社.

王小鲁. 2000. 中国经济增长的可持续性与制度变革[J]. 经济研究, 35 (7): 3-15, 79.

王小宁, 周晓唯. 2015. 市场化进程、环境规制与经济增长——基于东、中、西部地区的经验研究[J]. 科学决策, (3): 82-94.

温忠麟, 张雷, 侯杰泰, 等. 2004. 中介效应检验程序及其应用[J]. 心理学报, 36 (5): 614-620.

肖振红, 李炎. 2022. 知识产权保护、R&D 投入与区域绿色创新绩效[J]. 系统管理学报, 31 (2): 374-383.

辛杰. 2014. 基于正式制度与非正式制度协同的企业社会责任构型[J]. 山东大学学报 (哲学社会科学版), (2): 45-52.

徐细雄, 李万利. 2019. 儒家传统与企业创新: 文化的力量[J]. 金融研究, (9): 112-130.

徐现祥, 刘毓芸, 肖泽凯. 2015. 方言与经济增长[J]. 经济学报, 2 (2): 1-32.

杨博旭, 王玉荣, 李兴光, 等. 2021. 技术多元化对双元创新绩效的影响研究: 基于正式与非正式制度环境的视角[J]. 科学学与科学技术管理, 42 (12): 145-162.

杨登才, 李国正. 2021. 高校专利质量评价体系重构与测度——基于 23 所高校的实证分析[J]. 北京工业大学学报 (社会科学版), 21 (2): 109-121.

杨柳. 2018. 环保部门设置、生态创新与企业财务风险[J]. 商业会计, (11): 64-67.

杨梅, 王有强, 夏昕鸣. 2023. 技术专家型高管与上市企业绿色创新[J]. 经济理论与经济管理, 43 (6): 27-41.

杨亭亭, 罗连化, 许伯桐. 2018. 政府补贴的技术创新效应: "量变" 还是 "质变"? [J]. 中国软科学, (10): 52-61.

杨伟. 2012. 吸收能力对本土技术吸收区域差异的影响[J]. 研究与发展管理, 24 (6): 73-79.

叶静怡, 李晨乐, 雷震, 等. 2012. 专利申请提前公开制度、专利质量与技术知识传播[J]. 世界经济, 35 (8): 115-133.

殷秀清, 张峰. 2019. 环境规制、技术创新与制造业能源消费结构均衡度演变[J]. 统计与决策, 35 (24): 114-118.

于波. 2021. 绿色信贷政策如何影响重污染企业技术创新? [J]. 经济管理, 43 (11): 35-51.

翟华云, 刘亚伟. 2019. 环境司法专门化促进了企业环境治理吗?——来自专门环境法庭设置的准自然实验[J]. 中国人口·资源与环境, 29 (6): 138-147.

张杰, 郑文平, 翟福昕. 2014. 竞争如何影响创新: 中国情景的新检验[J]. 中国工业经济, (11):

56-68.

张明华. 2002. 环境公益诉讼制度刍议[J]. 法学论坛, 17 (6): 91-97.

张平, 张鹏鹏, 蔡国庆. 2016. 不同类型环境规制对企业技术创新影响比较研究[J]. 中国人口·资源与环境, 26 (4): 8-13.

张玉明, 邢超, 张瑜. 2021. 媒体关注对重污染企业绿色技术创新的影响研究[J]. 管理学报, 18 (4): 557-568.

甄浩, 柳江. 2016. 市场结构与技术进步[J]. 经济研究导刊, (31): 8-10, 29.

周慧鲜. 2013. 上市公司信息透明度抑制大股东侵占资金研究[D].北京: 首都经济贸易大学.

周荣军. 2020. 知识产权保护、FDI 技术溢出对企业创新绩效影响[J]. 统计与决策, 36 (2): 179-182.

邹萍, 李谷成. 2022. 儒家文化能促进企业社会责任吗？[J]. 经济评论, (2): 154-170.

邹萍. 2020. 儒家文化能促进企业社会责任信息披露吗？[J]. 经济管理, 42 (12): 76-93.

Aboelmaged M, Hashem G. 2019. Absorptive capacity and green innovation adoption in SMEs: The mediating effects of sustainable organisational capabilities[J]. Journal of Cleaner Production, 220: 853-863.

Acemoglu D, Aghion P, Bursztyn L, et al. 2012. The environment and directed technical change[J]. American Economic Review, 102 (1): 131-166.

Aden J, Kyu-hong A, Rock M T. 1999. What is driving the pollution abatement expenditure behavior of manufacturing plants in Korea? [J]. World Development, 27 (7): 1203-1214.

Aerts W, Cormier D. 2009. Media legitimacy and corporate environmental communication[J]. Accounting, Organizations and Society, 34 (1): 1-27.

Ahern K R, Sosyura D. 2015. Rumor has it: Sensationalism in financial media[J]. The Review of Financial Studies, 28 (7): 2050-2093.

Ahuja G, Katila R. 2001. Technological acquisitions and the innovation performance of acquiring firms: A longitudinal study[J]. Strategic Management Journal, 22 (3): 197-220.

Ahuja G, Lampert C M, Tandon V. 2008. Moving beyond Schumpeter: Management research on the determinants of technological innovation[J]. The Academy of Management Annals, 2 (1): 1-98.

Ajzen I. 1991. The theory of planned behavior[J]. Organizational Behavior and Human Decision Processes, 50 (2): 179-211.

Ajzen I. 2002. Perceived behavioral control, self-efficacy, locus of control, and the theory of planned behavior[J]. Journal of Applied Social Psychology, 32 (4): 665-683.

Ajzen I. 2011. The theory of planned behaviour: Reactions and reflections[J]. Psychology & Health, 26 (9): 1113-1127.

Akerlof G A. 1978. The economics of "tagging" as applied to the optimal income tax, welfare programs, and manpower planning[J]. The American Economic Review, 68 (1): 8-19.

Albort-Morant G, Leal-Rodríguez A L, De Marchi V. 2018. Absorptive capacity and relationship learning mechanisms as complementary drivers of green innovation performance[J]. Journal of Knowledge Management, 22 (2): 432-452.

Aldieri L, Carlucci F, Vinci C P, et al. 2019. Environmental innovation, knowledge spillovers and policy implications: A systematic review of the economic effects literature[J]. Journal of Cleaner

Production, 239: 118051.

Aldieri L, Kotsemir M, Vinci C P. 2020. The role of environmental innovation through the technological proximity in the implementation of the sustainable development[J]. Business Strategy and the Environment, 29 (2): 493-502.

Amato C, Baron R A, Barbieri B, et al. 2017. Regulatory modes and entrepreneurship: The mediational role of alertness in small business success[J]. Journal of Small Business Management, 55: 27-42.

Ambec S, Cohen M A, Elgie S, et al. 2013. The porter hypothesis at 20: Can environmental regulation enhance innovation and competitiveness? [J]. Review of Environmental Economics and Policy, 7 (1): 2-22.

Amore M D, Miller D, Le Breton-Miller I, et al. 2017. For love and money: Marital leadership in family firms[J]. Journal of Corporate Finance, 46: 461-476.

André F J, Sokri A, Zaccour G. 2011. Public Disclosure Programs vs. traditional approaches for environmental regulation: Green goodwill and the policies of the firm[J]. European Journal of Operational Research, 212 (1): 199-212.

Ang J S, Cheng Y M, Wu C P. 2014. Does enforcement of intellectual property rights matter in China? Evidence from financing and investment choices in the high-tech industry[J]. The Review of Economics and Statistics, 96 (2): 332-348.

Ang J S, Cheng Y M, Wu C P. 2015. Trust, investment, and business contracting[J]. Journal of Financial and Quantitative Analysis, 50 (3): 569-595.

Añón-Higón D, Manjon-Antolin M, Mañez J A, et al. 2015. Does R&D protect SMEs from the hardness of the cycle? Evidence from Spanish SMEs (1990-2009) [J]. International Entrepreneurship and Management Journal, 11: 361-376.

Anton J J, Yao D A. 2002. The sale of ideas: Strategic disclosure, property rights, and contracting[J]. Review of Economic Studies, 69 (3): 513-531.

Anton W R Q, Deltas G, Khanna M. 2004. Incentives for environmental self-regulation and implications for environmental performance[J]. Journal of Environmental Economics and Management, 48 (1): 632-654.

Antonelli C. 2000. Collective knowledge communication and innovation: The evidence of technological districts[J]. Regional Studies, 34 (6): 535-547.

Ardito L, Dangelico R M. 2018. Firm environmental performance under scrutiny: The role of strategic and organizational orientations[J]. Corporate Social Responsibility and Environmental Management, 25 (4): 426-440.

Arnouts R, Arts B. 2009. Environmental Governance Failure: The 'Dark Side' of an Essentially Optimistic Concept[M]//Environment & Policy. Dordrecht: Springer Netherlands: 201-228.

Arranz N, Arguello N L, de Arroyabe J C F. 2021. How do internal, market and institutional factors affect the development of eco-innovation in firms? [J]. Journal of Cleaner Production, 297: 126692.

Arrow K J. 1972. Gifts and exchanges[J]. Philosophy & Public Affairs, 1 (4): 343-362.

Ashford N A, Ayers C, Stone R F. 1985. Using regulation to change the market for innovation[J].

Harvard Environmental Law Review, 9: 419.

Assink M. 2006. Inhibitors of disruptive innovation capability: A conceptual model[J]. European Journal of Innovation Management, 9 (2): 215-233.

Audretsch D B, Feldman M P. 1996. R&D spillovers and the geography of innovation and production[J]. The American Economic Review, 86 (3): 630-640.

Autio E, Laamanen T. 1995. Measurement and evaluation of technology transfer: Review of technology transfer mechanisms and indicators[J]. International Journal of Technology Management, 10 (7/8): 643-664.

Bai Y, Hua C C, Jiao J L, et al. 2018. Green efficiency and environmental subsidy: Evidence from thermal power firms in China[J]. Journal of Cleaner Production, 188: 49-61.

Banerjee R, Gupta K, Mudalige P. 2020. Do environmentally sustainable practices lead to financially less constrained firms? International evidence[J]. International Review of Financial Analysis, 68: 101337.

Bangmek R, Yodbutr A, Thanjunpong S. 2020. Cost of equity and disclosure of management's responsibility for financial reports of firms in Thailand[J]. Kasetsart Journal of Social Sciences, 41 (2): 415-421.

Bansal P, Roth K. 2000. Why companies go green: A model of ecological responsiveness[J]. Academy of Management Journal, 43 (4): 717-736.

Barbu A, Militaru G. 2019. The moderating effect of intellectual property rights on relationship between innovation and company performance in manufacturing sector[J]. Procedia Manufacturing, 32: 1077-1084.

Barney J. 1991. Firm resources and sustained competitive advantage[J]. Journal of Management, 17 (1): 99-120.

Baron R A. 2006. Opportunity recognition as pattern recognition: How entrepreneurs "connect the dots" to identify new business opportunities[J]. Academy of Management Perspectives, 20(1): 104-119.

Baron R M, Kenny D A. 1986. The moderator-mediator variable distinction in social psychological research: Conceptual, strategic, and statistical considerations[J]. Journal of Personality and Social Psychology, 51 (6): 1173-1182.

Barro R J, Lee J. 2001. International data on educational attainment: Updates and implications[J]. Oxford Economic Papers, 53 (3): 541-563.

Bashir M F, Ma B J, Bashir M A, et al. 2022. Investigating the role of environmental taxes and regulations for renewable energy consumption: Evidence from developed economies[J]. Economic Research-Ekonomska Istraživanja, 35 (1): 1262-1284.

Baum H G, Coenenberg A G, Günther T. 2013. Strategisches Controlling[M]. Stuttgart: Schäffer-Poeschel.

Beck T, Demirgüç-Kunt A, Maksimovic V. 2008. Financing patterns around the world: Are small firms different? [J]. Journal of Financial Economics, 89 (3): 467-487.

Beise M, Rennings K. 2005. Lead markets and regulation: A framework for analyzing the international diffusion of environmental innovations[J]. Ecological Economics, 52 (1): 5-17.

Bellucci A, Pennacchio L, Zazzaro A. 2023. Debt financing of SMEs: The certification role of R&D subsidies[J]. International Review of Financial Analysis, 90: 102903.

Ben Arfi W, Hikkerova L, Sahut J M. 2018. External knowledge sources, green innovation and performance[J]. Technological Forecasting and Social Change, 129: 210-220.

Benfratello L, Schiantarelli F, Sembenelli A. 2008. Banks and innovation: Microeconometric evidence on Italian firms[J]. Journal of Financial Economics, 90 (2): 197-217.

Berrone P, Fosfuri A, Gelabert L, et al. 2013. Necessity as the mother of 'green' inventions: Institutional pressures and environmental innovations[J]. Strategic Management Journal, 34 (8): 891-909.

Bianchi M, Murtinu S, Scalera V G. 2019. R&D subsidies as dual signals in technological collaborations[J]. Research Policy, 48 (9): 103821.

Bignami F, Mattsson P, Hoekman J. 2020. The importance of geographical distance to different types of R&D collaboration in the pharmaceutical industry[J]. Industry and Innovation, 27 (5): 513-537.

Blackman A, Lahiri B, Pizer W, et al. 2010. Voluntary environmental regulation in developing countries: Mexico's Clean Industry Program[J]. Journal of Environmental Economics and Management, 60 (3): 182-192.

Blackman A. 2010. Alternative pollution control policies in developing countries[J]. Review of Environmental Economics and Policy, 4 (2): 234-253.

Bond P, Zeng Y. 2022. Silence is safest: Information disclosure when the audience's preferences are uncertain[J]. Journal of Financial Economics, 145 (1): 178-193.

Borsatto J M L S, Amui L B L. 2019. Green innovation: Unfolding the relation with environmental regulations and competitiveness[J]. Resources, Conservation and Recycling, 149: 445-454.

Boschma R A. 2005. Proximity and innovation: A critical assessment[J]. Regional Studies, 39 (1): 61-74.

Bosquet B. 2000. Environmental tax reform: Does it work? A survey of the empirical evidence[J]. Ecological Economics, 34 (1): 19-32.

Bossle M B, de Barcellos M D, Vieira L M, et al. 2016. The drivers for adoption of eco-innovation[J]. Journal of Cleaner Production, 113: 861-872.

Bourgeois L J III. 1981. On the measurement of organizational slack[J]. Academy of Management Review, 6 (1): 29-39.

Boutry O, Nadel S. 2021. Institutional drivers of environmental innovation: Evidence from French industrial firms[J]. Journal of Innovation Economics & Management, 34 (1): 135-167.

Bozeman B. 2000. Technology transfer and public policy: A review of research and theory[J]. Research Policy, 29 (4/5): 627-655.

Branstetter L G, Li G, Ren M. 2023. Picking winners? Government subsidies and firm productivity in China[J]. Journal of Comparative Economics, 51 (4): 1186-1199.

Bressers H, Klok P J. 1988. Fundamentals for a theory of policy instruments[J]. International Journal of Social Economics, 15 (3/4): 22-41.

Brockman P, Khurana I K, Zhong R I. 2018. Societal trust and open innovation[J]. Research Policy,

47（10）：2048-2065.

Brown N, Deegan C. 1998. The public disclosure of environmental performance information—a dual test of media agenda setting theory and legitimacy theory[J]. Accounting and Business Research, 29（1）：21-41.

Brunnermeier S B, Cohen M A. 2003. Determinants of environmental innovation in US manufacturing industries[J]. Journal of Environmental Economics and Management, 45（2）：278-293.

Burki U, Dahlstrom R. 2017. Mediating effects of green innovations on interfirm cooperation[J]. Australasian Marketing Journal, 25（2）：149-156.

Bushee B J, Core J E, Guay W, et al. 2010. The role of the business press as an information intermediary[J]. Journal of Accounting Research, 48（1）：1-19.

Buysse K, Verbeke A. 2003. Proactive environmental strategies: A stakeholder management perspective[J]. Strategic Management Journal, 24（5）：453-470.

Cahan S F, Chen C, Chen L, et al. 2015. Corporate social responsibility and media coverage[J]. Journal of Banking & Finance, 59：409-422.

Cai W G, Li G P. 2018. The drivers of eco-innovation and its impact on performance: Evidence from China[J]. Journal of Cleaner Production, 176：110-118.

Cai W G, Zhou X L. 2014. On the drivers of eco-innovation: Empirical evidence from China[J]. Journal of Cleaner Production, 79：239-248.

Cainelli G, D'Amato A, Mazzanti M. 2020. Resource efficient eco-innovations for a circular economy: Evidence from EU firms[J]. Research Policy, 49（1）：103827.

Camisón C. 2010. Effects of coercive regulation versus voluntary and cooperative auto-regulation on environmental adaptation and performance: Empirical evidence in Spain[J]. European Management Journal, 28（5）：346-361.

Carney M, Gedajlovic E. 2002. The coupling of ownership and control and the allocation of financial resources: Evidence from Hong Kong[J]. Journal of Management Studies, 39（1）：123-146.

Cecere G, Corrocher N, Gossart C, et al. 2014. Technological pervasiveness and variety of innovators in Green ICT: A patent-based analysis[J]. Research Policy, 43（10）：1827-1839.

Ceptureanu S I, Ceptureanu E G, Cristescu M P, et al. 2020. Analysis of social media impact on opportunity recognition. A social networks and entrepreneurial alertness mixed approach[J]. Entropy, 22（3）：343.

Chakraborty P, Chatterjee C. 2017. Does environmental regulation indirectly induce upstream innovation? New evidence from India[J]. Research Policy, 46（5）：939-955.

Chan H W, Udall A M, Tam K P. 2022. Effects of perceived social norms on support for renewable energy transition: Moderation by national culture and environmental risks[J]. Journal of Environmental Psychology, 79：101750.

Chang X, Chen Y Y, Wang S Q, et al. 2019. Credit default swaps and corporate innovation[J]. Journal of Financial Economics, 134（2）：474-500.

Chao S J, Wang S Y, Li H D, et al. 2023. The power of culture: Does Confucian culture contribute to corporate environmental information disclosure？[J]. Corporate Social Responsibility and

Environmental Management, 30 (5): 2435-2456.

Chappin M M H, Vermeulen W J V, Meeus M T H, et al. 2009. Enhancing our understanding of the role of environmental policy in environmental innovation: Adoption explained by the accumulation of policy instruments and agent-based factors[J]. Environmental Science & Policy, 12 (7): 934-947.

Chen J, Cheng J H, Dai S. 2017. Regional eco-innovation in China: An analysis of eco-innovation levels and influencing factors[J]. Journal of Cleaner Production, 153: 1-14.

Chen L, Jin Z, Ma Y Q, et al. 2019. Confucianism, openness to the West, and corporate investment efficiency[J]. European Financial Management, 25 (3): 554-590.

Chen S L, Chen K L. 2023. Exploring the impact of technological innovation on the development of electric vehicles on the bibliometric perspective of innovation types[J]. World Electric Vehicle Journal, 14 (7): 191.

Chen X H, Yi N, Zhang L, et al. 2018a. Does institutional pressure foster corporate green innovation? Evidence from China's top 100 companies[J]. Journal of Cleaner Production, 188: 304-311.

Chen Y S, Chang C H, Wu F S. 2012. Origins of green innovations: The differences between proactive and reactive green innovations[J]. Management Decision, 50 (3): 368-398.

Chen Y S, Lai S B, Wen C T. 2006. The influence of green innovation performance on corporate advantage in Taiwan[J]. Journal of Business Ethics, 67 (4): 331-339.

Chen Y S. 2008. The driver of green innovation and green image-green core competence[J]. Journal of Business Ethics, 81 (3): 531-543.

Chen Y, Lin P, Tsao H T, et al. 2022. How does Confucian culture affect technological innovation? Evidence from family enterprises in China[J]. PLoS One, 17 (6): e0269220.

Chen Z W, Liang M. 2023. How do external and internal factors drive green innovation practices under the influence of big data analytics capability: Evidence from China[J]. Journal of Cleaner Production, 404: 136862.

Chen Z, Kahn M E, Liu Y, et al. 2018b. The consequences of spatially differentiated water pollution regulation in China[J]. Journal of Environmental Economics and Management, 88: 468-485.

Cheng C Y, Ge C Z. 2020. Green development assessment for countries along the Belt and Road[J]. Journal of Environmental Management, 263: 110344.

Cho C H, Patten D M. 2007. The role of environmental disclosures as tools of legitimacy: A research note[J]. Accounting, Organizations and Society, 32 (7/8): 639-647.

Choi H J. 2009. Technology transfer issues and a new technology transfer model[J]. Journal of Technology Studies, 35 (1): 49-57.

Choi H, Varian H. 2012. Predicting the present with Google trends[J]. Economic Record, 88 (s1): 2-9.

Choi H, Yi D. 2018. Environmental innovation inertia: Analyzing the business circumstances for environmental process and product innovations[J]. Business Strategy and the Environment, 27 (8): 1623-1634.

Chu Z, Wang L, Lai F. 2019. Customer pressure and green innovations at third party logistics providers in China: The moderation effect of organizational culture[J]. The International Journal of Logistics Management, 30 (1): 57-75.

Cialdini R B, Kallgren C A, Reno R R. 1991. A Focus Theory of Normative Conduct: A Theoretical Refinement and Reevaluation of the Role of Norms in Human Behavior[M]//Advances in Experimental Social Psychology. Amsterdam: Elsevier: 201-234.

Cleff T, Rennings K. 1999. Determinants of environmental product and process innovation[J]. European Environment, 9 (5): 191-201.

Cline B N, Williamson C R. 2016. Trust and the regulation of corporate self-dealing[J]. Journal of Corporate Finance, 41: 572-590.

Cole M A, Elliott R J R, Shimamoto K. 2005. Industrial characteristics, environmental regulations and air pollution: An analysis of the UK manufacturing sector[J]. Journal of Environmental Economics and Management, 50 (1): 121-143.

Comanor W S, Scherer F M. 1969. Patent statistics as a measure of technical change[J]. Journal of Political Economy, 77 (3): 392-398.

Cordano M, Frieze I H. 2000. Pollution reduction preferences of U.S. environmental managers: Applying Ajzen's theory of planned behavior[J]. Academy of Management Journal, 43 (4): 627-641.

Costantini V, Crespi F, Martini C, et al. 2015. Demand-pull and technology-push public support for eco-innovation: The case of the biofuels sector[J]. Research Policy, 44 (3): 577-595.

Cui J B, Dai J, Wang Z X, et al. 2022. Does environmental regulation induce green innovation? A panel study of Chinese listed firms[J]. Technological Forecasting and Social Change, 176: 121492.

Daft R L. 1982. Bureaucratic versus non-bureaucratic structure and the process of innovation and change[J]. Research in the Sociology of Organizations, 1 (1): 129-166.

Dahl M S, Pedersen C Ø R. 2005. Social networks in the R&D process: The case of the wireless communication industry around Aalborg, Denmark[J]. Journal of Engineering and Technology Management, 22 (1/2): 75-92.

Dai J, Chan H K, Yee R W Y. 2018. Examining moderating effect of organizational culture on the relationship between market pressure and corporate environmental strategy[J]. Industrial Marketing Management, 74: 227-236.

Dangelico R M. 2015. Improving firm environmental performance and reputation: The role of employee green teams[J]. Business Strategy and the Environment, 24: 735-749.

Dasgupta S, Laplante B, Mamingi N, et al. 2001. Inspections, pollution prices, and environmental performance: Evidence from China[J]. Ecological Economics, 36 (3): 487-498.

De Clercq D, Lim D S K, Oh C H. 2013. Individual-level resources and new business activity: The contingent role of institutional context[J]. Entrepreneurship Theory and Practice, 37 (2): 303-330.

Dechezleprêtre A, Glachant M, Haščič I, et al. 2011. Invention and transfer of climate change-mitigation technologies: A global analysis[J]. Review of Environmental Economics and Policy, 5 (1): 109-130.

Deegan C, Rankin M, Voght P. 2000. Firms' disclosure reactions to major social incidents: Australian evidence[J]. Accounting Forum, 24 (1): 101-130.

Del Canto J G, González I S. 1999. A resource-based analysis of the factors determining a firm's R&D activities[J]. Research Policy, 28 (8): 891-905.

del Río González P. 2005. Analysing the factors influencing clean technology adoption: A study of the Spanish pulp and paper industry[J]. Business Strategy and the Environment, 14 (1): 20-37.

del Río P, Peñasco C, Romero-Jordán D. 2015. Distinctive features of environmental innovators: An econometric analysis[J]. Business Strategy and the Environment, 24 (6): 361-385.

Delerue H, Lejeune A. 2011. Managerial secrecy and intellectual asset protection in SMEs: The role of institutional environment[J]. Journal of International Management, 17 (2): 130-142.

Demirel P, Kesidou E. 2019. Sustainability-oriented capabilities for eco-innovation: Meeting the regulatory, technology, and market demands[J]. Business Strategy and the Environment, 28(5): 847-857.

Dibrell C, Craig J B, Hansen E N. 2011. How managerial attitudes toward the natural environment affect market orientation and innovation[J]. Journal of Business Research, 64 (4): 401-407.

Dibrell C, Craig J B, Kim J, et al. 2015. Establishing how natural environmental competency, organizational social consciousness, and innovativeness relate[J]. Journal of Business Ethics, 127 (3): 591-605.

DiMaggio P J, Powell W W. 1983. The iron cage revisited: Institutional isomorphism and collective rationality in organizational fields[J]. American Sociological Review, 48 (2): 147-160.

Dong Z L, Li H. 2023. The impact of Confucianism on the efficiency of enterprises green innovation[J]. Finance Research Letters, 58: 104233.

Doran J, Ryan G. 2016. The importance of the diverse drivers and types of environmental innovation for firm performance[J]. Business Strategy and the Environment, 25 (2): 102-119.

Driesen D. 2006. Economic instruments for sustainable development[J]. Environmental Law for Sustainability, 19: 277-308.

Du L Z, Wang X P, Peng J, et al. 2022. The impact of environmental information disclosure quality on green innovation of high-polluting enterprises[J]. Frontiers in Psychology, 13: 1069354.

Du X Q. 2015. Does Confucianism reduce minority shareholder expropriation? Evidence from China[J]. Journal of Business Ethics, 132 (4): 661-716.

Dyck A, Volchkova N, Zingales L. 2008. The corporate governance role of the media: Evidence from Russia[J]. The Journal of Finance, 63 (3): 1093-1135.

Eiadat Y H, Fernández-Castro A M. 2022. Do formal and informal institutions matter for firm-level strategic environmental actions? A multi-level perspective from Jordan[J]. Journal of Environmental Planning and Management, 65 (3): 461-489.

Eiadat Y, Kelly A, Roche F, et al. 2008. Green and competitive? An empirical test of the mediating role of environmental innovation strategy[J]. Journal of World Business, 43 (2): 131-145.

El-Kassar A N, Singh S K. 2019. Green innovation and organizational performance: The influence of big data and the moderating role of management commitment and HR practices[J]. Technological Forecasting and Social Change, 144: 483-498.

Epstein M J, Freedman M. 1994. Social disclosure and the individual investor[J]. Accounting, Auditing & Accountability Journal, 7 (4): 94-109.

Ernst H, Hoyer W D, Krafft M, et al. 2011. Customer relationship management and company performance—the mediating role of new product performance[J]. Journal of the Academy of Marketing Science, 39 (2): 290-306.

Ernst H. 2003. Patent information for strategic technology management[J]. World Patent Information, 25 (3): 233-242.

Eskeland G S. 1994. A presumptive Pigovian tax: Complementing regulation to mimic an emissions fee[J]. The World Bank Economic Review, 8 (3): 373-394.

Esty D, Winston A. 2006. Green to Gold: How Smart Companies Use Environmental Strategy to Innovate, Create Value, and Build Competitive Advantage[M]. New Haven: Yale University Press.

Fan D, Li Y, Chen L. 2017. Configuring innovative societies: The crossvergent role of cultural and institutional varieties[J]. Technovation, 66: 43-56.

Fan J, Teo T. 2022. Will China's R&D investment improve green innovation performance? An empirical study[J]. Environmental Science and Pollution Research, 29 (26): 39331-39344.

Fang L H, Lerner J, Wu C. 2017. Intellectual property rights protection, ownership, and innovation: Evidence from China[J]. The Review of Financial Studies, 30 (7): 2446-2477.

Fang L, Peress J. 2009. Media coverage and the cross-section of stock returns[J]. The Journal of Finance, 64 (5): 2023-2052.

Fedorenko I, Sun Y X. 2016. Microblogging-based civic participation on environment in China: A case study of the PM 2.5 campaign[J]. VOLUNTAS: International Journal of Voluntary and Nonprofit Organizations, 27 (5): 2077-2105.

Feng Y, Wang X, Liang Z. 2021. How does environmental information disclosure affect economic development and haze pollution in Chinese cities? The mediating role of green technology innovation[J]. Science of the Total Environment, 775: 145811.

Féres J, Reynaud A. 2012. Assessing the impact of formal and informal regulations on environmental and economic performance of Brazilian manufacturing firms[J]. Environmental and Resource Economics, 52 (1): 65-85.

Fernández S, Torrecillas C, Labra R E. 2021. Drivers of eco-innovation in developing countries: The case of Chilean firms[J]. Technological Forecasting and Social Change, 170: 120902.

Fernando Y, Jabbour C J C, Wah W X. 2019. Pursuing green growth in technology firms through the connections between environmental innovation and sustainable business performance: Does service capability matter? [J]. Resources, Conservation and Recycling, 141: 8-20.

Fisman R, Gatti R. 2002. Decentralization and corruption: Evidence across countries[J]. Journal of Public Economics, 83 (3): 325-345.

Fiss P C. 2011. Building better causal theories: A fuzzy set approach to typologies in organization research[J]. Academy of Management Journal, 54 (2): 393-420.

Fiss P C, Zajac E J. 2006. The symbolic management of strategic change: Sensegiving via framing and decoupling[J]. The Academy of Management Journal, 49 (6): 1173-1193.

Frankel R, McNichols M, Wilson G P. 1995. Discretionary disclosure and external financing[J]. Accounting Review: 135-150.

Freeman R E, Reed D L. 1983. Stockholders and stakeholders: A new perspective on corporate governance[J]. California Management Review, 25 (3): 88-106.

Freeman R E. 1994. The politics of stakeholder theory: Some future directions[J]. Business Ethics Quarterly, 4 (4): 409-421.

Freire-González J. 2018. Environmental taxation and the double dividend hypothesis in CGE modelling literature: A critical review[J]. Journal of Policy Modeling, 40 (1): 194-223.

Frondel M, Horbach J, Rennings K. 2007. End-of-pipe or cleaner production? An empirical comparison of environmental innovation decisions across OECD countries[J]. Business Strategy and the Environment, 16 (8): 571-584.

Frondel M, Horbach J, Rennings K. 2008. What triggers environmental management and innovation? Empirical evidence for Germany[J]. Ecological Economics, 66 (1): 153-160.

Fu P P, Tsui A S. 2003. Utilizing printed media to understand desired leadership attributes in the People's Republic of China[J]. Asia Pacific Journal of Management, 20 (4): 423-446.

Fu X L, Zhang J. 2011. Technology transfer, indigenous innovation and leapfrogging in green technology: The solar-PV industry in China and India[J]. Journal of Chinese Economic and Business Studies, 9 (4): 329-347.

Fussler C, James P. 1996. Driving Eco-Innovation: A Breakthrough Discipline for Innovation and Sustainability[M]. London: Pitman Pub.

Gabler C B, Richey Jr R G, Rapp A. 2015. Developing an eco-capability through environmental orientation and organizational innovativeness[J]. Industrial Marketing Management, 45: 151-161.

Gaglio C M, Katz J A. 2001. The psychological basis of opportunity identification: Entrepreneurial alertness[J]. Small Business Economics, 16 (2): 95-111.

Galeotti M, Salini S, Verdolini E. 2020. Measuring environmental policy stringency: Approaches, validity, and impact on environmental innovation and energy efficiency[J]. Energy Policy, 136: 111052.

Gao G Y, Murray J Y, Kotabe M, et al. 2010. A "strategy tripod" perspective on export behaviors: Evidence from domestic and foreign firms based in an emerging economy[J]. Journal of International Business Studies, 41 (3): 377-396.

Gao W, Liu Z B. 2023. Green credit and corporate ESG performance: Evidence from China[J]. Finance Research Letters, 55: 103940.

Gao Z J, He D Y, Niu S F. 2021. On what could Chinese mining enterprises achieve high-level environmental performance? —Based on the fsQCA method[J]. International Journal of Environmental Research and Public Health, 18 (14): 7290.

García-Sánchez I M, Raimo N, Vitolla F. 2021. Are environmentally innovative companies inclined towards integrated environmental disclosure policies? [J]. Administrative Sciences, 11 (1): 29.

Garrone P, Grilli L, Mrkajic B. 2018. The role of institutional pressures in the introduction of energy-efficiency innovations[J]. Business Strategy and the Environment, 27 (8): 1245-1257.

Gassmann O, Enkel E. 2004. Towards a theory of open innovation: Three core process archetypes[C]. Proceedings of the R&D Management Conference: 6.

George G. 2005. Slack resources and the performance of privately held firms[J]. Academy of Management Journal, 48 (4): 661-676.

Ghisetti C, Marzucchi A, Montresor S. 2015. The open eco-innovation mode. An empirical investigation of eleven European countries[J]. Research Policy, 44 (5): 1080-1093.

Ghisetti C, Quatraro F. 2013. Beyond inducement in climate change: Does environmental performance spur environmental technologies? A regional analysis of cross-sectoral differences[J]. Ecological Economics, 96: 99-113.

Ghisetti C. 2017. Demand-pull and environmental innovations: Estimating the effects of innovative public procurement[J]. Technological Forecasting and Social Change, 125: 178-187.

Gnyawali D R, Park B J R. 2011. Co-opetition between giants: Collaboration with competitors for technological innovation[J]. Research Policy, 40 (5): 650-663.

Goldenberg J, Levy M. 2009. Distance is not dead: Social interaction and geographical distance in the internet era[J]. arXiv preprint arXiv: 0906.3202.

Gray W B, Shadbegian R J. 2003. Plant vintage, technology, and environmental regulation[J]. Journal of Environmental Economics and Management, 46 (3): 384-402.

Greco M, Germani F, Grimaldi M, et al. 2022. Policy mix or policy mess? Effects of cross-instrumental policy mix on eco-innovation in German firms[J]. Technovation, 117: 102194.

Greif A. 1994. Cultural beliefs and the organization of society: A historical and theoretical reflection on collectivist and individualist societies[J]. Journal of Political Economy, 102 (5): 912-950.

Griliches Z. 1990. Patent statistics as economic indicators: A survey[J]. Journal of Economic Literature, 28 (4): 1661-1707.

Guo M, Wang H, Kuai Y. 2023. Environmental regulation and green innovation: Evidence from heavily polluting firms in China[J]. Finance Research Letters, 53: 103624.

Guo R, Yuan Y. 2020. Different types of environmental regulations and heterogeneous influence on energy efficiency in the industrial sector: Evidence from Chinese provincial data[J]. Energy Policy, 145: 111747.

Guoping Z, Hongde L, Guangyi W. 2015. Observations on the correlation between state-owned enterprises' scale and innovation intensity[J]. Management Review, 27 (12): 171.

Gürlek M, Tuna M. 2018. Reinforcing competitive advantage through green organizational culture and green innovation[J]. The Service Industries Journal, 38 (7/8): 467-491.

Hail L, Leuz C. 2006. International differences in the cost of equity capital: Do legal institutions and securities regulation matter? [J]. Journal of Accounting Research, 44 (3): 485-531.

Hamamoto M. 2006. Environmental regulation and the productivity of Japanese manufacturing industries[J]. Resource and Energy Economics, 28 (4): 299-312.

Hao J, He F. 2022. Corporate social responsibility(CSR)performance and green innovation: Evidence from China[J]. Finance Research Letters, 48: 102889.

Harris R, Trainor M. 2005. Capital subsidies and their impact on total factor productivity: Firm-level evidence from northern Ireland[J]. Journal of Regional Science, 45（1）: 49-74.

Harrison D A. 1995. Volunteer motivation and attendance decisions: Competitive theory testing in multiple samples from a homeless shelter[J]. Journal of Applied Psychology, 80（3）: 371-385.

He F, Miao X, Wong C W Y, et al. 2018. Contemporary corporate eco-innovation research: A systematic review[J]. Journal of Cleaner Production, 174: 502-526.

He L Y, Liu R Y, Zhong Z Q, et al. 2019. Can green financial development promote renewable energy investment efficiency? A consideration of bank credit[J]. Renewable Energy, 143: 974-984.

He S, Xu L, Shi D. 2023. How does environmental information disclosure affect carbon emissions? Evidence from China[J]. Environmental Science and Pollution Research, 30（41）: 93998-94014.

Hellström T. 2007. Dimensions of environmentally sustainable innovation: The structure of eco-innovation concepts[J]. Sustainable Development, 15（3）: 148-159.

Helmke G, Levitsky S. 2004. Informal institutions and comparative politics: A research agenda[J]. Perspectives on Politics, 2（4）: 725-740.

Helmke G, Levitsky S. 2012. Informal Institutions and Comparative Politics: A Research Agenda[M]. London: Edward Elgar Publishing.

Hille E, Althammer W, Diederich H. 2020. Environmental regulation and innovation in renewable energy technologies: Does the policy instrument matter?[J]. Technological Forecasting and Social Change, 153: 119921.

Hoang T C, Black M C, Knuteson S L, et al. 2019. Environmental pollution, management, and sustainable development: Strategies for Vietnam and other developing countries[J]. Environmental Management, 63（4）: 433-436.

Hobday M. 2005. Firm-level innovation models: Perspectives on research in developed and developing countries[J]. Technology Analysis & Strategic Management, 17（2）: 121-146.

Hofstede G, Hofstede G J, Minkov M. 2005. Cultures and Organizations: Software of the Mind[M]. New York: McGraw-Hill.

Hoi C K, Wu Q, Zhang H. 2018. Community social capital and corporate social responsibility[J]. Journal of Business Ethics, 152（3）: 647-665.

Hojnik J, Ruzzier M. 2016. The driving forces of process eco-innovation and its impact on performance: Insights from Slovenia[J]. Journal of Cleaner Production, 133: 812-825.

Holmes Jr R M, Miller T, Hitt M A, et al. 2013. The interrelationships among informal institutions, formal institutions, and inward foreign direct investment[J]. Journal of Management, 39（2）: 531-566.

Horbach J, Oltra V, Belin J. 2013. Determinants and specificities of eco-innovations compared to other innovations—An econometric analysis for the French and German industry based on the community innovation survey[J]. Industry & Innovation, 20（6）: 523-543.

Horbach J, Rammer C, Rennings K. 2012. Determinants of eco-innovations by type of environmental impact-The role of regulatory push/pull, technology push and market pull[J]. Ecological Economics, 78: 112-122.

Horbach J. 2008. Determinants of environmental innovation—New evidence from German panel data sources[J]. Research Policy, 37（1）: 163-173.

Hu C, Mao J H, Tian M, et al. 2021a. Distance matters: Investigating how geographic proximity to ENGOs triggers green innovation of heavy-polluting firms in China[J]. Journal of Environmental Management, 279: 111542.

Hu D M, Huang Y Z, Zhong C B. 2021b. Does environmental information disclosure affect the sustainable development of enterprises: The role of green innovation[J]. Sustainability, 13(19): 11064.

Hu G Q, Wang X Q, Wang Y. 2021c. Can the green credit policy stimulate green innovation in heavily polluting enterprises? Evidence from a quasi-natural experiment in China[J]. Energy Economics, 98: 105134.

Hu Y, Jin S, Ni J, et al. 2023. Strategic or substantive green innovation: How do non-green firms respond to green credit policy? [J]. Economic Modelling, 126: 106451.

Huang J W, Li Y H. 2017. Green innovation and performance: The view of organizational capability and social reciprocity[J]. Journal of Business Ethics, 145(2): 309-324.

Huang Q, Yuan W, Zheng C, et al. 2024. Can Confucianism improve ESG performance? [J]. Finance Research Letters, 64: 105462.

Huang X, Hu Z, Liu C, et al. 2016. The relationships between regulatory and customer pressure, green organizational responses, and green innovation performance[J]. Journal of Cleaner Production, 112: 3423-3433.

Huang Y, Wang Y B. 2020. How does high-speed railway affect green innovation efficiency? A perspective of innovation factor mobility[J]. Journal of Cleaner Production, 265: 121623.

Husted B W, Jamali D, Saffar W. 2016. Near and dear? The role of location in CSR engagement[J]. Strategic Management Journal, 37(10): 2050-2070.

Jaffe A B, Newell R G, Stavins R N. 2002. Environmental policy and technological change[J]. Environmental and Resource Economics, 22: 41-70.

Jaffe A B, Newell R G, Stavins R N. 2004. Technology policy for energy and the environment[J]. Innovation Policy and the Economy, 4: 35-68.

Jaffe A B, Newell R G, Stavins R N. 2005. A tale of two market failures: Technology and environmental policy[J]. Ecological Economics, 54(2/3): 164-174.

Jaffe A B, Palmer K. 1997. Environmental regulation and innovation: A panel data study[J]. Review of Economics and Statistics, 79(4): 610-619.

Jawaad M, Zafar S. 2020. Improving sustainable development and firm performance in emerging economies by implementing green supply chain activities[J]. Sustainable Development, 28(1): 25-38.

Jha A, Cox J. 2015. Corporate social responsibility and social capital[J]. Journal of Banking & Finance, 60: 252-270.

Jiang L, Bai Y. 2022. Strategic or substantive innovation? —The impact of institutional investors' site visits on green innovation evidence from China[J]. Technology in Society, 68: 101904.

Jiang Z Y, Wang Z J, Li Z B. 2018. The effect of mandatory environmental regulation on innovation performance: Evidence from China[J]. Journal of Cleaner Production, 203: 482-491.

Jiao J L, Zhang X L, Tang Y S. 2020. What factors determine the survival of green innovative enterprises in China? —A method based on fsQCA[J]. Technology in Society, 62: 101314.

John K, Knyazeva A, Knyazeva D. 2011. Does geography matter? Firm location and corporate payout policy[J]. Journal of Financial Economics, 101 (3): 533-551.

Jones D A. 2007. Voluntary disclosure in R&D-intensive industries[J]. Contemporary Accounting Research, 24 (2): 489-522.

Jové-Llopis E, Segarra-Blasco A. 2018. Eco-innovation strategies: A panel data analysis of Spanish manufacturing firms[J]. Business Strategy and the Environment, 27 (8): 1209-1220.

Jové-Llopis E, Segarra-Blasco A. 2020. Why does eco-innovation differ in service firms? Some insights from Spain[J]. Business Strategy and the Environment, 29 (3): 918-938.

Juan Z. 2011. R&D for environmental innovation and supportive policy: The implications for new energy automobile industry in China[J]. Energy Procedia, 5: 1003-1007.

Juniati S, Saudi M H M, Astuty E, et al. 2019. The impact of internationalization in influencing firm performance and competitive advantage: The mediating role of eco-innovation[J]. International Journal of Supply Chain Management, 8 (1): 295-302.

Kagan R A, Gunningham N, Thornton D. 2003. Explaining corporate environmental performance: How does regulation matter? [J]. Law & Society Review, 37 (1): 51-90.

Karabay M E. 2014. Corporate Reputation: A Definitional Landscape[M]//Corporate Governance. Berlin, Heidelberg: Springer: 229-240.

Karmaker S C, Hosan S, Chapman A J, et al. 2021. The role of environmental taxes on technological innovation[J]. Energy, 232: 121052.

Kasim M T. 2017. Evaluating the effectiveness of an environmental disclosure policy: An application to New South Wales[J]. Resource and Energy Economics, 49: 113-131.

Kathuria V. 2007. Informal regulation of pollution in a developing country: Evidence from India[J]. Ecological Economics, 63 (2/3): 403-417.

Kaufmann W, Hooghiemstra R, Feeney M K. 2018. Formal institutions, informal institutions, and red tape: A comparative study[J]. Public Administration, 96 (2): 386-403.

Kemp R, Oltra V. 2011. Research insights and challenges on eco-innovation dynamics[J]. Industry & Innovation, 18 (3): 249-253.

Kemp R, Pearson P. 2007. Final report MEI project about measuring eco-innovation[J]. UM Merit, Maastricht, 10 (2): 1-120.

Kemp R, Pontoglio S. 2011. The innovation effects of environmental policy instruments—A typical case of the blind men and the elephant? [J]. Ecological Economics, 72: 28-36.

Kemp R. 1997. Environmental Policy and Technical Change[M]. Cheltenham: Edward Elgar Publishing.

Kesidou E, Demirel P. 2012. On the drivers of eco-innovations: Empirical evidence from the UK[J]. Research Policy, 41 (5): 862-870.

Khanna M. 2001. Non-mandatory approaches to environmental protection[J]. Journal of Economic Surveys, 15 (3): 291-324.

Khor K S, Udin Z M, Ramayah T, et al. 2016. Reverse logistics in Malaysia: The Contingent role of institutional pressure[J]. International Journal of Production Economics, 175: 96-108.

Kiesler S, Cummings J N. 2002. What Do We Know about Proximity and Distance in Work Groups? A Legacy of Research[M]//Distributed Work. Cambridge: The MIT Press: 57-82.

Kim P H, Li M X. 2014. Seeking assurances when taking action: Legal systems, social trust, and starting businesses in emerging economies[J]. Organization Studies, 35 (3): 359-391.

Kirzner I M. 1999. Creativity and/or alertness: A reconsideration of the Schumpeterian entrepreneur[J]. The Review of Austrian Economics, 11 (1): 5-17.

Kiss A N, Barr P S. 2017. New product development strategy implementation duration and new venture performance: A contingency-based perspective[J]. Journal of Management, 43 (4): 1185-1210.

Kivimaa P. 2007. The determinants of environmental innovation: The impacts of environmental policies on the Nordic pulp, paper and packaging industries[J]. European Environment, 17 (2): 92-105.

Kleer R. 2010. Government R&D subsidies as a signal for private investors[J]. Research Policy, 39 (10): 1361-1374.

Kneller R, Manderson E. 2012. Environmental regulations and innovation activity in UK manufacturing industries[J]. Resource and Energy Economics, 34 (2): 211-235.

Kogabayev T, Maziliauskas A. 2017. The definition and classification of innovation[J]. HOLISTICA-Journal of Business and Public Administration, 8 (1): 59-72.

Konadu R, Ahinful G S, Boakye D J, et al. 2022. Board gender diversity, environmental innovation and corporate carbon emissions[J]. Technological Forecasting and Social Change, 174: 121279.

Kong T, Feng T W, Ye C M. 2016. Advanced manufacturing technologies and green innovation: The role of internal environmental collaboration[J]. Sustainability, 8 (10): 1056.

Konisky D M. 2007. Regulatory competition and environmental enforcement: Is there a race to the bottom? [J]. American Journal of Political Science, 51 (4): 853-872.

Kovacs A, Marullo C, Verhoeven D, et al. 2019. Radical, disruptive, discontinuous and breakthrough innovation: More of the same? [C]. Academy of Management Proceedings, Briarcliff Manor: 14866.

Kryk B, Guzowska M K. 2021. Implementation of climate/energy targets of the Europe 2020 strategy by the EU member states[J]. Energies, 14 (9): 2711.

Krysiak F C. 2011. Environmental regulation, technological diversity, and the dynamics of technological change[J]. Journal of Economic Dynamics and Control, 35 (4): 528-544.

Küçükoğlu M T, Pınar R İ. 2015. Positive influences of green innovation on company performance[J]. Procedia-Social and Behavioral Sciences, 195: 1232-1237.

Kung J K S, Ma C C. 2014. Can cultural norms reduce conflicts? Confucianism and peasant rebellions in Qing China[J]. Journal of Development Economics, 111: 132-149.

Laine M, Järvinen J T, Hyvönen T, et al. 2017. Ambiguity of financial environmental information: A case study of a Finnish energy company[J]. Accounting, Auditing & Accountability Journal, 30 (3): 593-619.

Lambertini L, Poyago-Theotoky J, Tampieri A. 2017. Cournot competition and "green" innovation: An inverted-U relationship[J]. Energy Economics, 68: 116-123.

Lanjouw J O, Mody A. 1996. Innovation and the international diffusion of environmentally responsive technology[J]. Research Policy, 25 (4): 549-571.

Laplante B, Rilstone P. 1996. Environmental inspections and emissions of the pulp and paper industry in Quebec[J]. Journal of Environmental Economics and Management, 31 (1): 19-36.

Lee K H, Min B. 2015. Green R&D for eco-innovation and its impact on carbon emissions and firm performance[J]. Journal of Cleaner Production, 108: 534-542.

Lemley M A, Shapiro C. 2005. Probabilistic patents[J]. Journal of Economic Perspectives, 19 (2): 75-98.

Lew Y K, Kim J, Khan Z. 2019. Technological adaptation to a platform and dependence: Value co-creation through partnerships[J]. Asian Journal of Technology Innovation, 27 (1): 71-89.

Lewandowska M S. 2016. Do government policies foster environmental performance of enterprises from CEE region? [J]. Comparative Economic Research Central and Eastern Europe, 19 (3): 45-67.

Leyva-de la Hiz D I, Hurtado-Torres N, Bermúdez-Edo M. 2019. The heterogeneity of levels of green innovation by firms in international contexts: A study based on the home-country institutional profile[J]. Organization & Environment, 32 (4): 508-527.

Li D Y, Huang M, Ren S G, et al. 2018a. Environmental legitimacy, green innovation, and corporate carbon disclosure: Evidence from CDP China 100[J]. Journal of Business Ethics, 150 (4): 1089-1104.

Li D Y, Zheng M, Cao C C, et al. 2017a. The impact of legitimacy pressure and corporate profitability on green innovation: Evidence from China top 100[J]. Journal of Cleaner Production, 141: 41-49.

Li G Q, He Q, Shao S, et al. 2018b. Environmental non-governmental organizations and urban environmental governance: Evidence from China[J]. Journal of Environmental Management, 206: 1296-1307.

Li G, Xue Q, Qin J. 2022a. Environmental information disclosure and green technology innovation: Empirical evidence from China[J]. Technological Forecasting and Social Change, 176: 121453.

Li L, Qiu L, Xu F, et al. 2023a. The impact of green credit on firms' green investment efficiency: Evidence from China[J]. Pacific-Basin Finance Journal, 79: 101995.

Li M F. 2023. The adjustment of social trust and Internet use on cognitive bias in social status: Perspective of performance perception[J]. Asian Journal of Social Psychology, 26 (2): 270-286.

Li Q, Maggitti P G, Smith K G, et al. 2013. Top management attention to innovation: The role of search selection and intensity in new product introductions[J]. Academy of Management Journal, 56 (3): 893-916.

Li Q, Ruan W J, Shi H M, et al. 2022b. Corporate environmental information disclosure and bank financing: Moderating effect of formal and informal institutions[J]. Business Strategy and the Environment, 31 (7): 2931-2946.

Li W, Li W N, Seppänen V, et al. 2023b. Effects of greenwashing on financial performance: Moderation through local environmental regulation and media coverage[J]. Business Strategy and the Environment, 32 (1): 820-841.

Li X, Guo F, Xu Q, et al. 2023c. Strategic or substantive innovation? The effect of government environmental punishment on enterprise green technology innovation[J]. Sustainable Development, 31（5）: 3365-3386.

Li X, Wu Q, Holsapple C W, et al. 2017b. An empirical examination of firm financial performance along dimensions of supply chain resilience[J]. Management Research Review, 40（3）: 254-269.

Li Y, Zahra S A. 2012. Formal institutions, culture, and venture capital activity: A cross-country analysis[J]. Journal of Business Venturing, 27（1）: 95-111.

Li Y H, Lin Y P, Zhang L D. 2018c. Trade secrets law and corporate disclosure: Causal evidence on the proprietary cost hypothesis[J]. Journal of Accounting Research, 56（1）: 265-308.

Li Y N, Huang L J, Tong Y. 2021. Cooperation with competitor or not? The strategic choice of a focal firm's green innovation strategy[J]. Computers & Industrial Engineering, 157: 107301.

Li Z H, Liao G K, Wang Z Z, et al. 2018d. Green loan and subsidy for promoting clean production innovation[J]. Journal of Cleaner Production, 187: 421-431.

Lian G H, Xu A T, Zhu Y H. 2022. Substantive green innovation or symbolic green innovation? The impact of ER on enterprise green innovation based on the dual moderating effects[J]. Journal of Innovation & Knowledge, 7（3）: 100203.

Liang H Y, Li G L, Zhang W K, et al. 2022. The impact of green innovation on enterprise performance: The regulatory role of government grants[J]. Sustainability, 14（20）: 13550.

Liao Z J, Dong J C, Weng C, et al. 2019a. CEOs' religious beliefs and the environmental innovation of private enterprises: The moderating role of political ties[J]. Corporate Social Responsibility and Environmental Management, 26（4）: 972-980.

Liao Z J, Liu Y. 2021. What drives environmental innovation? A meta-analysis[J]. Business Strategy and the Environment, 30（4）: 1852-1864.

Liao Z J, Zhang M T, Wang X P. 2019b. Do female directors influence firms' environmental innovation? The moderating role of ownership type[J]. Corporate Social Responsibility and Environmental Management, 26（1）: 257-263.

Liao Z J. 2016. Temporal cognition, environmental innovation, and the competitive advantage of enterprises[J]. Journal of Cleaner Production, 135: 1045-1053.

Liao Z J. 2018a. Environmental policy instruments, environmental innovation and the reputation of enterprises[J]. Journal of Cleaner Production, 171: 1111-1117.

Liao Z J. 2018b. Institutional pressure, knowledge acquisition and a firm's environmental innovation[J]. Business Strategy and the Environment, 27（7）: 849-857.

Liao Z J. 2020. Is environmental innovation conducive to corporate financing? The moderating role of advertising expenditures[J]. Business Strategy and the Environment, 29（3）: 954-961.

Lichtenthaler U. 2016. Toward an innovation-based perspective on company performance[J]. Management Decision, 54（1）: 66-87.

Liddle S, El-Kafafi S. 2010. Drivers of sustainable innovation push, pull or policy[J]. World Journal of Entrepreneurship, Management and Sustainable Development, 6（4）: 293-305.

Lin B Q, Moubarak M. 2014. Renewable energy consumption—Economic growth nexus for China[J]. Renewable and Sustainable Energy Reviews, 40: 111-117.

Lin B Q, Zhang Z H. 2016. Carbon emissions in China's cement industry: A sector and policy analysis[J]. Renewable and Sustainable Energy Reviews, 58: 1387-1394.

Lin B, Ma R. 2022. Towards carbon neutrality: The role of different paths of technological progress in mitigating China's CO_2 emissions[J]. Science of The Total Environment, 813: 152588.

Lin C, Tan B, Chang S. 2002. The critical factors for technology absorptive capacity[J]. Industrial Management & Data Systems, 102 (6): 300-308.

Lin R J, Tan K H, Geng Y. 2013. Market demand, green product innovation, and firm performance: Evidence from Vietnam motorcycle industry[J]. Journal of Cleaner Production, 40: 101-107.

Lin W L, Ho J A, Sambasivan M, et al. 2021. Influence of green innovation strategy on brand value: The role of marketing capability and R&D intensity[J]. Technological Forecasting and Social Change, 171: 120946.

Link S, Naveh E. 2006. Standardization and discretion: Does the environmental standard ISO 14001 lead to performance benefits? [J]. IEEE Transactions on Engineering Management, 53 (4): 508-519.

Liu D Y, Chen T, Liu X Y, et al. 2019. Do more subsidies promote greater innovation? Evidence from the Chinese electronic manufacturing industry[J]. Economic Modelling, 80: 441-452.

Liu D Y, Wang K F, Liu J L. 2024. Can social trust foster green innovation? [J]. Finance Research Letters, 66: 105644.

Liu H M, Liang Q X, Ling L. 2022. Underrepresentation of female CEOs in China: The role of culture, market forces, and foreign experience of directors[J]. Research in International Business and Finance, 63: 101793.

Liu J J, Zhao M, Wang Y B. 2020. Impacts of government subsidies and environmental regulations on green process innovation: A nonlinear approach[J]. Technology in Society, 63: 101417.

Liu Q, Dong B. 2022. How does China's green credit policy affect the green innovation of heavily polluting enterprises? The perspective of substantive and strategic innovations[J]. Environmental Science and Pollution Research, 29 (51): 77113-77130.

Liu X, Liu F Z, Ren X Y. 2023. Firms' digitalization in manufacturing and the structure and direction of green innovation[J]. Journal of Environmental Management, 335: 117525.

Liu Y, Guo J Z, Chi N. 2015. The antecedents and performance consequences of proactive environmental strategy: A meta-analytic review of national contingency[J]. Management and Organization Review, 11 (3): 521-557.

Liu Y. 2009. Investigating external environmental pressure on firms and their behavior in Yangtze River Delta of China[J]. Journal of Cleaner Production, 17 (16): 1480-1486.

Lo C W H, Fryxell G E. 2005. Governmental and societal support for environmental enforcement in China: An empirical study in Guangzhou[J]. Journal of Development Studies, 41 (4): 558-588.

Long F, Lin F, Ge C Z. 2022. Impact of China's environmental protection tax on corporate performance: Empirical data from heavily polluting industries[J]. Environmental Impact Assessment Review, 97: 106892.

Long S Y, Liao Z J. 2021. Are fiscal policy incentives effective in stimulating firms' eco-product innovation? The moderating role of dynamic capabilities[J]. Business Strategy and the

Environment, 30 (7): 3095-3104.

Loughran T, Schultz P. 2005. Liquidity: Urban versus rural firms[J]. Journal of Financial Economics, 78 (2): 341-374.

Louisot J P. 2004. Managing intangible asset risks: Reputation and strategic redeployment planning[J]. Risk Management, 6 (3): 35-50.

Lu Z Q, Li H Y. 2023. Does environmental information disclosure affect green innovation? [J]. Economic Analysis and Policy, 80: 47-59.

Luo G Y, Guo J T, Yang F Y, et al. 2023. Environmental regulation, green innovation and high-quality development of enterprise: Evidence from China[J]. Journal of Cleaner Production, 418: 138112.

Luo Y D, Xiong G B, Mardani A. 2022. Environmental information disclosure and corporate innovation: The "Inverted U-shaped" regulating effect of media attention[J]. Journal of Business Research, 146: 453-463.

Lü C C, Fan J F, Lee C C. 2023a. Can green credit policies improve corporate green production efficiency? [J]. Journal of Cleaner Production, 397: 136573.

Lü K J, Pan M J, Huang L, et al. 2023b. Can intellectual property rights protection reduce air pollution? A quasi-natural experiment from China[J]. Structural Change and Economic Dynamics, 65: 210-222.

Lü W D, Feng J, Li B. 2022. Does more voluntary environmental information disclosure cut down the cost of equity: Heavy pollution industries in China[J]. Environmental Science and Pollution Research International, 29 (42): 62913-62940.

Maddala G S, Lahiri K. 1992. Introduction to Econometrics[M]. New York: Macmillan.

Majumdar S K, Marcus A A. 2001. Rules versus discretion: The productivity consequences of flexible regulation[J]. Academy of Management Journal, 44 (1): 170-179.

Malik F, Wang F, Li J, et al. 2023. Impact of environmental disclosure on firm performance: The mediating role of green innovation[J]. Revista de Contabilidad-Spanish Accounting Review, 26 (1): 14-26.

Mandal S. 2019. The influence of big data analytics management capabilities on supply chain preparedness, alertness and agility: An empirical investigation[J]. Information Technology & People, 32 (2): 297-318.

Marquis C, Lounsbury M. 2007. Vive La résistance: Competing logics and the consolidation of U.S. community banking[J]. Academy of Management Journal, 50 (4): 799-820.

Marshall A. 2009. Principles of Economics: Unabridged[M]. 8th ed. New York: Cosimo, Inc.

Martínez-Noya A, García-Canal E. 2018. Location, shared suppliers and the innovation performance of R&D outsourcing agreements[J]. Industry and Innovation, 25 (3): 308-332.

Marzucchi A, Montresor S. 2017. Forms of knowledge and eco-innovation modes: Evidence from Spanish manufacturing firms[J]. Ecological Economics, 131: 208-221.

Mauerhofer V, Larssen C. 2016. Judicial perspectives from the European union for public participation in environmental matters in East Asia[J]. Land Use Policy, 52: 552-561.

Maxwell J, Lyon T, Hackett S. 2000. Self-regulation and social welfare: The political economy of corporate environmentalism[J]. The Journal of Law and Economics, 43 (2): 583-618.

Menell P S, Scotchmer S. 2007. Chapter 19 Intellectual Property Law[M]//Handbook of Law and Economics. Amsterdam: Elsevier: 1473-1570.

Meng Q C, Wang Y T, Zhang Z, et al. 2021. Supply chain green innovation subsidy strategy considering consumer heterogeneity[J]. Journal of Cleaner Production, 281: 125199.

Mickwitz P. 2003. A framework for evaluating environmental policy instruments: Context and key concepts[J]. Evaluation, 9 (4): 415-436.

Miles S. 2017. Stakeholder theory classification: A theoretical and empirical evaluation of definitions[J]. Journal of Business Ethics, 142 (3): 437-459.

Misangyi V F, Greckhamer T, Furnari S, et al. 2017. Embracing causal complexity: The emergence of a neo-configurational perspective[J]. Journal of Management, 43 (1): 255-282.

Mohamed Shaffril H A, Samsuddin S F, Abu Samah A. 2021. The ABC of systematic literature review: The basic methodological guidance for beginners[J]. Quality & Quantity, 55 (4): 1319-1346.

Mongo M, Belaïd F, Ramdani B. 2021. The effects of environmental innovations on CO_2 emissions: Empirical evidence from Europe[J]. Environmental Science & Policy, 118: 1-9.

Montalvo C. 2008. General wisdom concerning the factors affecting the adoption of cleaner technologies: A survey 1990-2007[J]. Journal of Cleaner Production, 16 (1): S7-S13.

Morgenstern R D, Pizer W A, Shih J S. 2002. Jobs versus the environment: An industry-level perspective[J]. Journal of Environmental Economics and Management, 43 (3): 412-436.

Mothe C, Nguyen-Thi U T. 2017. Persistent openness and environmental innovation: An empirical analysis of French manufacturing firms[J]. Journal of Cleaner Production, 162: S59-S69.

Mullainathan S, Shleifer A. 2005. The market for news[J]. American Economic Review, 95 (4): 1031-1053.

Munodawafa R T, Johl S K. 2019. A systematic review of eco-innovation and performance from the resource-based and stakeholder perspectives[J]. Sustainability, 11 (21): 6067.

Nahuelhual L, Carmona A, Lozada P, et al. 2013. Mapping recreation and ecotourism as a cultural ecosystem service: An application at the local level in Southern Chile[J]. Applied Geography, 40: 71-82.

Nee V. 1998. Norms and networks in economic and organizational performance[J]. The American Economic Review, 88 (2): 85-89.

Nelson R A, Tietenberg T, Donihue M R. 1993. Differential environmental regulation: Effects on electric utility capital turnover and emissions[J]. The Review of Economics and Statistics, 75 (2): 368-373.

Neto A S, Jabbour C J C, de Sousa Jabbour A B L. 2014. Green training supporting eco-innovation in three Brazilian companies: Practices and levels of integration[J]. Industrial and Commercial Training, 46 (7): 387-392.

Neves P C, Afonso O, Silva D, et al. 2021. The link between intellectual property rights, innovation, and growth: A meta-analysis[J]. Economic Modelling, 97: 196-209.

Ng Y K. 1983. Welfare Economics[M]. London: Macmillan.

Nicolau J L, Más F J. 2006. The influence of distance and prices on the choice of tourist destinations:

The moderating role of motivations[J]. Tourism Management, 27 (5): 982-996.

Nohria N, Gulati R. 1997. What is the optimum amount of organizational slack? A study of the relationship between slack and innovation in multinational firms[J]. European Management Journal, 15 (6): 603-611.

Noppers E H, Keizer K, Bolderdijk J W, et al. 2014. The adoption of sustainable innovations: Driven by symbolic and environmental motives[J]. Global Environmental Change, 25: 52-62.

North D C. 1990. Institutions, Institutional Change and Economic Performance[M]. Cambridge: Cambridge University Press.

O'Rourke D, Lee E. 2004. Mandatory planning for environmental innovation: Evaluating regulatory mechanisms for toxics use reduction[J]. Journal of Environmental Planning and Management, 47 (2): 181-200.

Olson G M, Olson J S. 2000. Distance matters[J]. Human-Computer Interaction, 15 (2/3): 139-178.

Oltra V, Jean M S. 2009. Sectoral systems of environmental innovation: An application to the French automotive industry[J]. Technological Forecasting and Social Change, 76 (4): 567-583.

Orcos R, Pérez-Aradros B, Blind K. 2018. Why does the diffusion of environmental management standards differ across countries? The role of formal and informal institutions in the adoption of ISO 14001[J]. Journal of World Business, 53 (6): 850-861.

Ortega-Lapiedra R, Marco-Fondevila M, Scarpellini S, et al. 2019. Measurement of the human capital applied to the business eco-innovation[J]. Sustainability, 11 (12): 3263.

Ostrom E. 1990. Governing the Commons: The Evolution of Institutions for Collective Action[M]. Cambridge: Cambridge University Press.

Paci R, Usai S. 2000. Technological enclaves and industrial districts: An analysis of the regional distribution of innovative activity in Europe[J]. Regional Studies, 34 (2): 97-114.

Palmer K, Oates W E, Portney P R. 1995. Tightening environmental standards: The benefit-cost or the No-cost paradigm? [J]. Journal of Economic Perspectives, 9 (4): 119-132.

Pan X, Sinha P, Chen X J. 2021. Corporate social responsibility and eco-innovation: The triple bottom line perspective[J]. Corporate Social Responsibility and Environmental Management, 28 (1): 214-228.

Pan Y, Shang Z Y. 2023. Linking culture and family travel behaviour from generativity theory perspective: A case of confucian culture and Chinese family travel behaviour[J]. Journal of Hospitality and Tourism Management, 54: 212-220.

Patel P C. 2019. Opportunity related absorptive capacity and entrepreneurial alertness[J]. International Entrepreneurship and Management Journal, 15 (1): 63-73.

Patten D M. 1992. Intra-industry environmental disclosures in response to the Alaskan oil spill: A note on legitimacy theory[J]. Accounting, Organizations and Society, 17 (5): 471-475.

Patton M Q. 1990. Qualitative Evaluation and Research Methods[M]. Thousand Oaks: Sage Publications.

Pedraza-Rodríguez J A, Ruiz-Vélez A, Sánchez-Rodríguez M I, et al. 2023. Management skills and organizational culture as sources of innovation for firms in peripheral regions[J]. Technological Forecasting and Social Change, 191: 122518.

Pelletier N. 2010. Of laws and limits: An ecological economic perspective on redressing the failure of contemporary global environmental governance[J]. Global Environmental Change, 20 (2): 220-228.

Pendakur K, Pendakur R. 2002. Language as both human capital and ethnicity[J]. International Migration Review, 36 (1): 147-177.

Peng H, Lu Y. 2012. Model selection in linear mixed effect models[J]. Journal of Multivariate Analysis, 109: 109-129.

Peng H, Shen N, Ying H Q, et al. 2021. Can environmental regulation directly promote green innovation behavior? —Based on situation of industrial agglomeration[J]. Journal of Cleaner Production, 314: 128044.

Peng M W, Wang D Y L, Jiang Y. 2008. An institution-based view of international business strategy: A focus on emerging economies[J]. Journal of International Business Studies, 39 (5): 920-936.

Peng X R, Liu Y. 2016. Behind eco-innovation: Managerial environmental awareness and external resource acquisition[J]. Journal of Cleaner Production, 139: 347-360.

Peng Y, Ji Y. 2022. Can informal environmental regulation promote green innovation? —A quasi-natural experiment based on environmental information disclosure policy[J]. Polish Journal of Environmental Studies, 31 (3): 2795-2809.

Perman R. 2003. Natural Resource and Environmental Economics[M]. Essex: Pearson Education Ltd.

Petroni G, Bigliardi B, Galati F. 2019. Rethinking the porter hypothesis: The underappreciated importance of value appropriation and pollution intensity[J]. Review of Policy Research, 36 (1): 121-140.

Popp D. 2006. International innovation and diffusion of air pollution control technologies: The effects of NO_X and SO_2 regulation in the US, Japan, and Germany[J]. Journal of Environmental Economics and Management, 51 (1): 46-71.

Porter M E, van der Linde C. 1995. Toward a new conception of the environment-competitiveness relationship[J]. Journal of Economic Perspectives, 9 (4): 97-118.

Porter M E. 1991. America's green strategy[J]. Scientific American, 264 (4): 193-246.

Prasetyo R B, Kuswanto H, Iriawan N, et al. 2020. Binomial regression models with a flexible generalized logit link function[J]. Symmetry, 12 (2): 221.

Pretty J, Ward H. 2001. Social capital and the environment[J]. World Development, 29 (2): 209-227.

Provasnek A K, Sentic A, Schmid E. 2017. Integrating eco-innovations and stakeholder engagement for sustainable development and a social license to operate[J]. Corporate Social Responsibility and Environmental Management, 24 (3): 173-185.

Przychodzen W, Leyva-de la Hiz D I, Przychodzen J. 2020. First-mover advantages in green innovation—Opportunities and threats for financial performance: A longitudinal analysis[J]. Corporate Social Responsibility and Environmental Management, 27 (1): 339-357.

Przychodzen W, Przychodzen J. 2018. Sustainable innovations in the corporate sector—The empirical evidence from IBEX 35 firms[J]. Journal of Cleaner Production, 172: 3557-3566.

Qi G Y, Jia Y H, Zou H L. 2021. Is institutional pressure the mother of green innovation? Examining the moderating effect of absorptive capacity[J]. Journal of Cleaner Production, 278: 123957.

Qin W, Liang Q X, Jiao Y, et al. 2022. Social trust and dividend payouts: Evidence from China[J]. Pacific-Basin Finance Journal, 72: 101726.

Ragin C C. 2000. Fuzzy-Set Social Science[M]. Chicago: University of Chicago Press.

Ragin C C. 2009. Redesigning Social Inquiry: Fuzzy Sets and Beyond[M]. Chicago: University of Chicago Press.

Ragin C C. 2014. The Comparative Method: Moving Beyond Qualitative and Quantitative Strategies[M]. Chicago: University of California Press.

Ramanathan R, He Q L, Black A, et al. 2017. Environmental regulations, innovation and firm performance: A revisit of the Porter hypothesis[J]. Journal of Cleaner Production, 155: 79-92.

Relyea H C. 1975. Opening government to public scrutiny: A decade of federal efforts[J]. Public Administration Review, 35 (1): 3-10.

Ren S G, Li X L, Yuan B L, et al. 2018. The effects of three types of environmental regulation on eco-efficiency: A cross-region analysis in China[J]. Journal of Cleaner Production, 173: 245-255.

Rennings K, Rammer C. 2011. The impact of regulation-driven environmental innovation on innovation success and firm performance[J]. Industry & Innovation, 18 (3): 255-283.

Rennings K, Ziegler A, Ankele K, et al. 2006. The influence of different characteristics of the EU environmental management and auditing scheme on technical environmental innovations and economic performance[J]. Ecological Economics, 57 (1): 45-59.

Rennings K. 2000. Redefining innovation—Eco-innovation research and the contribution from ecological economics[J]. Ecological Economics, 32 (2): 319-332.

Rihoux B, Ragin C C. 2009. Configurational Comparative Methods: Qualitative Comparative Analysis (QCA) and Related Techniques[M]. Thousand Oaks: Sage Publications.

Robert Baum J, Wally S. 2003. Strategic decision speed and firm performance[J]. Strategic Management Journal, 24 (11): 1107-1129.

Roessner J D, Bean A S. 1991. How industry interacts with federal laboratories[J]. Research-Technology Management, 34 (4): 22-25.

Roundy P T, Harrison D A, Khavul S, et al. 2018. Entrepreneurial alertness as a pathway to strategic decisions and organizational performance[J]. Strategic Organization, 16 (2): 192-226.

Rubashkina Y, Galeotti M, Verdolini E. 2015. Environmental regulation and competitiveness: Empirical evidence on the Porter Hypothesis from European manufacturing sectors[J]. Energy Policy, 83: 288-300.

Santos D F L, Rezende M D V, Basso L F C. 2019. Eco-innovation and business performance in emerging and developed economies[J]. Journal of Cleaner Production, 237: 117674.

Sarkis J. 2006. The adoption of environmental and risk management practices: Relationships to environmental performance[J]. Annals of Operations Research, 145 (1): 367-381.

Schiederig T, Tietze F, Herstatt C. 2012. Green innovation in technology and innovation management-an exploratory literature review[J]. R&D Management, 42 (2): 180-192.

Schneider C Q, Wagemann C. 2012. Set-theoretic Methods for the Social Sciences: A Guide to Qualitative Comparative Analysis[M]. London: Cambridge University Press.

Scott W R. 1995. Institutions and Organizations[M]. Thousand Oaks: Sage Publications.

Scuotto V, Beatrice O, Valentina C, et al. 2020. Uncovering the micro-foundations of knowledge sharing in open innovation partnerships: An intention-based perspective of technology transfer[J]. Technological Forecasting and Social Change, 152: 119906.

Shao S, Chen Y, Li K, et al. 2019. Market segmentation and urban CO_2 emissions in China: Evidence from the Yangtze River Delta region[J]. Journal of Environmental Management, 248: 109324.

She M Y, Hu D, Wang Z W, et al. 2023. Does religious atmosphere promote corporate green innovation performance? Evidence from China[J]. Business Ethics, the Environment & Responsibility, 32 (4): 1506-1531.

Shen C, Li S L, Wang X P, et al. 2020. The effect of environmental policy tools on regional green innovation: Evidence from China[J]. Journal of Cleaner Production, 254: 120122.

Shen F, Liu B, Luo F, et al. 2021. The effect of economic growth target constraints on green technology innovation[J]. Journal of Environmental Management, 292: 112765.

Shi D Q, Bu C Q, Xue H Y. 2021. Deterrence effects of disclosure: The impact of environmental information disclosure on emission reduction of firms[J]. Energy Economics, 104: 105680.

Shi Y, Yang C. 2022. How does multidimensional R&D investment affect green innovation? Evidence from China[J]. Frontiers in Psychology, 13: 947108.

Singh J V. 1986. Performance, slack, and risk taking in organizational decision making[J]. Academy of Management Journal, 29 (3): 562-585.

Song Y, Yang T, Zhang M. 2019. Research on the impact of environmental regulation on enterprise technology innovation—An empirical analysis based on Chinese provincial panel data[J]. Environmental Science and Pollution Research, 26: 21835-21848.

Song Y, Zhang X, Zhang M. 2021. The influence of environmental regulation on industrial structure upgrading: Based on the strategic interaction behavior of environmental regulation among local governments[J]. Technological Forecasting and Social Change, 170: 120930.

Srivastava S, Sahaym A, Allison T H. 2021. Alert and awake: Role of alertness and attention on rate of new product introductions[J]. Journal of Business Venturing, 36 (4): 106023.

Stafford S L. 2007. Can consumers enforce environmental regulations? The role of the market in hazardous waste compliance[J]. Journal of Regulatory Economics, 31 (1): 83-107.

Stiglitz J E. 2002. Information and the change in the paradigm in economics[J]. American Economic Review, 92 (3): 460-501.

Strauss A L 1987.Qualitative Analysis for Social Scientists[M]. Cambridge: Cambridge University Press,

Strauss A, Corbin J. 1990. Basics of Qualitative Research[M]. Thousand Oaks: Sage Publications.

Su X, Pan C, Zhou S S, et al. 2022. Threshold effect of green credit on firms' green technology innovation: Is environmental information disclosure important? [J]. Journal of Cleaner Production, 380: 134945.

Su Z F. 2021. The co-evolution of institutions and entrepreneurship[J]. Asia Pacific Journal of Management, 38 (4): 1327-1350.

Suchman M C. 1995. Managing legitimacy: Strategic and institutional approaches[J]. Academy of Management Review, 20 (3): 571-610.

Sultanuzzaman M R, Fan H Z, Mohamued E A, et al. 2019. Effects of export and technology on economic growth: Selected emerging Asian economies[J]. Economic Research-Ekonomska Istraživanja, 32 (1): 2515-2531.

Sun H P, Edziah B K, Kporsu A K, et al. 2021. Energy efficiency: The role of technological innovation and knowledge spillover[J]. Technological Forecasting and Social Change, 167: 120659.

Sun Y T, Grimes S. 2017. The actors and relations in evolving networks: The determinants of inter-regional technology transaction in China[J]. Technological Forecasting and Social Change, 125: 125-136.

Sun Y. 2021. Case based models of the relationship between consumer resistance to innovation and customer churn[J]. Journal of Retailing and Consumer Services, 61: 102530.

Swaney J A. 1992. Market versus command and control environmental policies[J]. Journal of Economic Issues, 26 (2): 623-633.

Takalo S K, Tooranloo H S. 2021. Green innovation: A systematic literature review[J]. Journal of Cleaner Production, 279: 122474.

Tan Z, Wu Y F, Gu Y F, et al. 2022. An overview on implementation of environmental tax and related economic instruments in typical countries[J]. Journal of Cleaner Production, 330: 129688.

Tang J T, Baron R A, Yu A. 2023. Entrepreneurial alertness: Exploring its psychological antecedents and effects on firm outcomes[J]. Journal of Small Business Management, 61 (6): 2879-2908.

Tang J T, Kacmar K M, Busenitz L. 2012. Entrepreneurial alertness in the pursuit of new opportunities[J]. Journal of Business Venturing, 27 (1): 77-94.

Tang M F, Walsh G, Lerner D, et al. 2018. Green innovation, managerial concern and firm performance: An empirical study[J]. Business Strategy and the Environment, 27 (1): 39-51.

Tariq A, Badir Y, Chonglerttham S. 2019. Green innovation and performance: Moderation analyses from Thailand[J]. European Journal of Innovation Management, 22 (3): 446-467.

Testa F, Iraldo F, Frey M. 2011. The effect of environmental regulation on firms' competitive performance: The case of the building & construction sector in some EU regions[J]. Journal of Environmental Management, 92 (9): 2136-2144.

Tetlock P C, Saar-Tsechansky M, Macskassy S. 2008. More than words: Quantifying language to measure firms' fundamentals[J]. The Journal of Finance, 63 (3): 1437-1467.

To C K M, Au J S C, Kan C W. 2019. Uncovering business model innovation contexts: A comparative analysis by fsQCA methods[J]. Journal of Business Research, 101: 783-796.

Top S, Atan Ö, Öge E, et al. 2013. Evaluation of family effects in the context of power, experience and culture on business and management in the family firms[J]. Procedia-Social and Behavioral Sciences, 99: 956-965.

Trajtenberg M. 1990. A penny for your quotes: Patent citations and the value of innovations[J]. The RAND Journal of Economics, 21 (1): 172-187.

Tsai K H, Liao Y C. 2017. Innovation capacity and the implementation of eco-innovation: Toward a contingency perspective[J]. Business Strategy and the Environment, 26 (7): 1000-1013.

Tu Z G, Hu T Y, Shen R J. 2019. Evaluating public participation impact on environmental protection and ecological efficiency in China: Evidence from PITI disclosure[J]. China Economic Review, 55: 111-123.

Vaghely I P, Julien P A. 2010. Are opportunities recognized or constructed? An information perspective on entrepreneurial opportunity identification[J]. Journal of Business Venturing, 25 (1): 73-86.

Vimalnath P, Tietze F, Jain A, et al. 2022. Intellectual property strategies for green innovations—An analysis of the European Inventor Awards[J]. Journal of Cleaner Production, 377: 134325.

Wang C M, Lin Z L. 2010. Environmental policies in China over the past 10 years: Progress, problems and prospects[J]. Procedia Environmental Sciences, 2: 1701-1712.

Wang H T, Qi S Z, Zhou C B, et al. 2022a. Green credit policy, government behavior and green innovation quality of enterprises[J]. Journal of Cleaner Production, 331: 129834.

Wang K, Sewon O, Claiborne M C. 2008. Determinants and consequences of voluntary disclosure in an emerging market: Evidence from China[J]. Journal of International Accounting, Auditing and Taxation, 17 (1): 14-30.

Wang L K, Li M, Wang W Q, et al. 2023a. Green innovation output in the supply chain network with environmental information disclosure: An empirical analysis of Chinese listed firms[J]. International Journal of Production Economics, 256: 108745.

Wang L X, Li W A, Qi L J. 2020. Stakeholder pressures and corporate environmental strategies: A meta-analysis[J]. Sustainability, 12 (3): 1172.

Wang Q, Qu J, Wang B, et al. 2019. Green technology innovation development in China in 1990-2015[J]. Science of the Total Environment, 696: 134008.

Wang S, Li J, Razzaq A. 2023b. Do environmental governance, technology innovation and institutions lead to lower resource footprints: An imperative trajectory for sustainability[J]. Resources Policy, 80: 103142.

Wang X S, Elahi E, Zhang L G. 2022b. Mandatory environmental regulation and green technology innovation: Evidence from China[J]. Sustainability, 14 (20): 13431.

Wang Y, Shen N. 2016. Environmental regulation and environmental productivity: The case of China[J]. Renewable and Sustainable Energy Reviews, 62: 758-766.

Wang Y, Yu L H. 2021. Can the current environmental tax rate promote green technology innovation? —Evidence from China's resource-based industries[J]. Journal of Cleaner Production, 278: 123443.

Wei P, Mao X D, Chen X H. 2020. Institutional investors' attention to environmental information, trading strategies, and market impacts: Evidence from China[J]. Business Strategy and the Environment, 29 (2): 566-591.

Welch M R, Rivera R E N, Conway B P, et al. 2005. Determinants and consequences of social trust[J]. Sociological Inquiry, 75 (4): 453-473.

Weng C F, Li X Y, Yang H Y, et al. 2021. Formal and informal institutions: The independent and joint impacts on firm innovation[J]. Management and Organization Review, 17 (5): 918-967.

Weng H H, Chen J S, Chen P C. 2015. Effects of green innovation on environmental and corporate performance: A stakeholder perspective[J]. Sustainability, 7 (5): 4997-5026.

Wesselink A, Paavola J, Fritsch O, et al. 2011. Rationales for public participation in environmental policy and governance: Practitioners' perspectives[J]. Environment and Planning A: Economy and Space, 43 (11): 2688-2704.

Wheeler D, Elkington J. 2001. The end of the corporate environmental report? Or the advent of cybernetic sustainability reporting and communication[J]. Business Strategy and the Environment, 10 (1): 1-14.

Whittington K B, Owen-Smith J, Powell W W. 2009. Networks, propinquity, and innovation in knowledge-intensive industries[J]. Administrative Science Quarterly, 54 (1): 90-122.

Williamson C R. 2009. Informal institutions rule: Institutional arrangements and economic performance[J]. Public Choice, 139 (3/4): 371-387.

Williamson O E. 2000. The new institutional economics: Taking stock, looking ahead[J]. Journal of Economic Literature, 38 (3): 595-613.

Wilmshurst T D, Frost G R. 2000. Corporate environmental reporting: A test of legitimacy theory[J]. Accounting, Auditing & Accountability Journal, 13 (1): 10-26.

Witt M A, Fainshmidt S, Aguilera R V. 2022. Our board, our rules: Nonconformity to global corporate governance norms[J]. Administrative Science Quarterly, 67 (1): 131-166.

Woodside A G, Schpektor A, Xia X. 2013. Triple sense-making of findings from marketing experiments using the dominant variable based-logic, case-based logic, and isomorphic modeling[J]. International Journal of Business & Economics, 12 (2): 131-153.

Wu B, Fang H Q, Jacoby G, et al. 2022. Environmental regulations and innovation for sustainability? Moderating effect of political connections[J]. Emerging Markets Review, 50: 100835.

Wu W F, Firth M, Rui O M. 2014. Trust and the provision of trade credit[J]. Journal of Banking & Finance, 39: 146-159.

Wu X M, Lupton N C, Du Y P. 2015. Innovation outcomes of knowledge-seeking Chinese foreign direct investment[J]. Chinese Management Studies, 9 (1): 73-96.

Wurlod J D, Noailly J. 2018. The impact of green innovation on energy intensity: An empirical analysis for 14 industrial sectors in OECD countries[J]. Energy Economics, 71: 47-61.

Xia X N, Huang T, Zhang S. 2023. The impact of intellectual property rights city policy on firm green innovation: A quasi-natural experiment based on a staggered DID model[J]. Systems, 11 (4): 209.

Xiang X J, Liu C J, Yang M, et al. 2020. Confession or justification: The effects of environmental disclosure on corporate green innovation in China[J]. Corporate Social Responsibility and Environmental Management, 27 (6): 2735-2750.

Xiang X J, Liu C J, Yang M. 2022. Who is financing corporate green innovation? [J]. International Review of Economics & Finance, 78: 321-337.

Xie F, Zhang B, Zhang W. 2022. Trust, incomplete contracting, and corporate innovation[J]. Management Science, 68 (5): 3419-3443.

Xie R H, Yuan Y J, Huang J J. 2017. Different types of environmental regulations and heterogeneous influence on "green" productivity: Evidence from China[J]. Ecological Economics, 132: 104-112.

Xie X M, Huo J G, Zou H L. 2019a. Green process innovation, green product innovation, and corporate financial performance: A content analysis method[J]. Journal of Business Research, 101: 697-706.

Xie X M, Zhu Q W, Wang R Y. 2019b. Turning green subsidies into sustainability: How green process innovation improves firms' green image[J]. Business Strategy and the Environment, 28 (7): 1416-1433.

Xin Z Q, Xin S F. 2017. Marketization process predicts trust decline in China[J]. Journal of Economic Psychology, 62: 120-129.

Xing C, Zhang Y M, Tripe D. 2021. Green credit policy and corporate access to bank loans in China: The role of environmental disclosure and green innovation[J]. International Review of Financial Analysis, 77: 101838.

Xu L, Fan M T, Yang L L, et al. 2021. Heterogeneous green innovations and carbon emission performance: Evidence at China's city level[J]. Energy Economics, 99: 105269.

Xu X X, Duan L L. 2023. Confucianism and employee stock ownership plans: Evidence from Chinese listed firms[J]. Economic Analysis and Policy, 78: 859-872.

Yadav P, Singh J, Srivastava D K, et al. 2021. Environmental Pollution and Sustainability[M]// Environmental Sustainability and Economy. Amsterdam: Elsevier: 111-120.

Yalabik B, Fairchild R J. 2011. Customer, regulatory, and competitive pressure as drivers of environmental innovation[J]. International Journal of Production Economics, 131 (2): 519-527.

Yang C H, Tseng Y H, Chen C P. 2012a. Environmental regulations, induced R&D, and productivity: Evidence from Taiwan's manufacturing industries[J]. Resource and Energy Economics, 34 (4): 514-532.

Yang X P, Cao D M, Andrikopoulos P, et al. 2020a. Online social networks, media supervision and investment efficiency: An empirical examination of Chinese listed firms[J]. Technological Forecasting and Social Change, 154: 119969.

Yang Y, Holgaard J E, Remmen A. 2012b. What can triple helix frameworks offer to the analysis of eco-innovation dynamics? Theoretical and methodological considerations[J]. Science and Public Policy, 39 (3): 373-385.

Yang Y, Liu D, Zhang L, et al. 2021. Social trust and green technology innovation: Evidence from listed firms in China[J]. Sustainability, 13 (9): 4828.

Yang Y, Yao C X, Li Y. 2020b. The impact of the amount of environmental information disclosure on financial performance: The moderating effect of corporate internationalization[J]. Corporate Social Responsibility and Environmental Management, 27 (6): 2893-2907.

Yao S, Yang J. 2017. Geographical distance and environmental information disclosure: The perspective of public pressure transmission efficiency[J]. Asia-Pacific Journal of Financial Studies, 46 (3): 445-462.

Yao X Z. 2000. An Introduction to Confucianism[M]. Cambridge: Cambridge University Press, 2000.

Yi M, Fang X M, Wen L, et al. 2019. The heterogeneous effects of different environmental policy instruments on green technology innovation[J]. International Journal of Environmental Research and Public Health, 16 (23): 4660.

Yi Y X, Wei Z J, Fu C Y. 2021. An optimal combination of emissions tax and green innovation subsidies for polluting oligopolies[J]. Journal of Cleaner Production, 284: 124693.

Yin J H, Wang S. 2018. The effects of corporate environmental disclosure on environmental innovation from stakeholder perspectives[J]. Applied Economics, 50 (8): 905-919.

Yin X M, Chen D D, Ji J Y. 2023. How does environmental regulation influence green technological innovation? Moderating effect of green finance[J]. Journal of Environmental Management, 342: 118112.

Yu C H, Wu X Q, Zhang D Y, et al. 2021a. Demand for green finance: Resolving financing constraints on green innovation in China[J]. Energy Policy, 153: 112255.

Yu C, Park J, Hwang Y S. 2019. How do anticipated and self regulations and information sourcing openness drive firms to implement eco-innovation? Evidence from Korean manufacturing firms[J]. International Journal of Environmental Research and Public Health, 16 (15): 2678.

Yu W, Zhu K Y, Huang H Q, et al. 2021b. Does confucianism influence corporate earnings management? [J]. Research in International Business and Finance, 56: 101390.

Yuan L, Chia R, Gosling J. 2023. Confucian virtue ethics and ethical leadership in modern China[J]. Journal of Business Ethics, 182 (1): 119-133.

Zaheer A, Zaheer S. 1997. Catching the wave: Alertness, responsiveness, and market influence in global electronic networks[J]. Management Science, 43 (11): 1493-1509.

Zhang B, Bi J, Yuan Z W, et al. 2008. Why do firms engage in environmental management? An empirical study in China[J]. Journal of Cleaner Production, 16 (10): 1036-1045.

Zhang B, Wang Z H, Lai K H. 2015. Mediating effect of managers' environmental concern: Bridge between external pressures and firms' practices of energy conservation in China[J]. Journal of Environmental Psychology, 43: 203-215.

Zhang F, Zhu L. 2019. Enhancing corporate sustainable development: Stakeholder pressures, organizational learning, and green innovation[J]. Business Strategy and the Environment, 28 (6): 1012-1026.

Zhang J A, Walton S. 2017. Eco-innovation and business performance: The moderating effects of environmental orientation and resource commitment in green-oriented SMEs[J]. R&D Management, 47 (5): E26-E39.

Zhang J M, Liang G Q, Feng T W, et al. 2020. Green innovation to respond to environmental regulation: How external knowledge adoption and green absorptive capacity matter? [J]. Business Strategy and the Environment, 29 (1): 39-53.

Zhang J, Chen Z F. 2023. Greening through social trust? [J]. Research in International Business and Finance, 66: 102061.

Zhang W, Li G X. 2022. Environmental decentralization, environmental protection investment, and green technology innovation[J]. Environmental Science and Pollution Research, 29 (9): 12740-12755.

Zhang X H. 2017. Implementation of pollution control targets in China: Has a centralized enforcement approach worked? [J]. The China Quarterly, 231: 749-774.

Zhang X H, Tan J H, Chan K C. 2021. Environmental law enforcement as external monitoring:

Evidence from the impact of an environmental inspection program on firm-level stock price crash risk[J]. International Review of Economics & Finance, 71: 21-31.

Zhao A W, Wang J Y, Sun Z Z, et al. 2022. Environmental taxes, technology innovation quality and firm performance in China—A test of effects based on the Porter hypothesis[J]. Economic Analysis and Policy, 74: 309-325.

Zhao L, Chong K M, Gooi L M, et al. 2024. Research on the impact of government fiscal subsidies and tax incentive mechanism on the output of green patents in enterprises[J]. Finance Research Letters, 61: 104997.

Zhao X L, Yin H T, Zhao Y. 2015. Impact of environmental regulations on the efficiency and CO_2 emissions of power plants in China[J]. Applied Energy, 149: 238-247.

Zhao X, Sun B W. 2016. The influence of Chinese environmental regulation on corporation innovation and competitiveness[J]. Journal of Cleaner Production, 112: 1528-1536.

Zheng D, Shi M J. 2017. Multiple environmental policies and pollution haven hypothesis: Evidence from China's polluting industries[J]. Journal of Cleaner Production, 141: 295-304.

Zheng S Q, Wu J, Kahn M E, et al. 2012. The nascent market for "green" real estate in Beijing[J]. European Economic Review, 56 (5): 974-984.

Zhong Z Q, Peng B H. 2022. Can environmental regulation promote green innovation in heavily polluting enterprises? Empirical evidence from a quasi-natural experiment in China[J]. Sustainable Production and Consumption, 30: 815-828.

Zhou M L, Chen F L, Chen Z F. 2021. Can CEO education promote environmental innovation: Evidence from Chinese enterprises[J]. Journal of Cleaner Production, 297: 126725.

Zhou P, Song F M, Huang X Q. 2023. Environmental regulations and firms' green innovations: Transforming pressure into incentives[J]. International Review of Financial Analysis, 86: 102504.

Zhu B, Wang Y S. 2024. Does social trust affect firms' ESG performance? [J]. International Review of Financial Analysis, 93: 103153.

Zhu L Y, Hao Y, Lu Z N, et al. 2019. Do economic activities cause air pollution? Evidence from China's major cities[J]. Sustainable Cities and Society, 49: 101593.

Zhu X H, He M, Li H L. 2021. Environmental regulation, governance transformation and the green development of Chinese iron and steel enterprises[J]. Journal of Cleaner Production, 328: 129557.

Zubeltzu-Jaka E, Erauskin-Tolosa A, Heras-Saizarbitoria I. 2018. Shedding light on the determinants of eco-innovation: A meta-analytic study[J]. Business Strategy and the Environment, 27 (7): 1093-1103.

Zyglidopoulos S C, Georgiadis A P, Carroll C E, et al. 2012. Does media attention drive corporate social responsibility? [J]. Journal of Business Research, 65 (11): 1622-1627.